세계사가 재미있어지는

39가지 길 이야기

출판은 사람과 나무 사이에서 이루어지는 가치 있는 일입니다.
도서출판 사람과나무사이는 의미 있고 울림 있는 책으로 독자의 삶을
좀 더 풍요롭게 만들기 위해 최선을 다하겠습니다.

세계사가 재미있어지는

39가지 길 이야기

일본박학클럽 지음 | 서수지 옮김

사람과
나무사이

세계사가 재미있어지는
39가지 길 이야기

1판 1쇄 발행 2023년 2월 7일
1판 2쇄 발행 2023년 11월 22일

지은이 일본박학클럽
옮긴이 서수지
펴낸이 이재두
펴낸곳 사람과나무사이
등록번호 2014년 9월 23일(제2014-000177호)
주소 경기도 고양시 일산서구 강선로 142, 1701동 302호
전화 (031)815-7176 팩스 (031)601-6181
이메일 saram_namu@naver.com
디자인 박대성
영업 용상철
인쇄·제작 도담프린팅
종이 아이피피(IPP)

ISBN 979-11-88635-74-0 03900

"지상에는 원래 길이 없었다.
지나다니는 사람이 많아지면
그것이 곧 길이 된다."

— 루쉰(중국 사상가)

서문

모든 역사는 '길' 위에서 이루어졌다

사람들은 '길'을 따라 '이동'한다. '길'은 세계사에서 역사를 움직이는 중요한 요소로 작용했다.

세계사를 바꾼 길 중 하나로 프랑스 부르봉왕조의 국왕 루이 16세와 왕비 마리 앙투아네트가 성난 민중을 피해 국외로 탈출하려고 한 '바렌 도주 사건'에서 마차를 타고 내달린 길이 있다.

18세기 말 프랑스에서 촉발된 프랑스혁명. 의회와 대립하던 국왕 루이 16세는 헌법 공포를 앞두고 가족과 함께 파리를 벗어났다. 국왕 일가는 국경 부근 왕당파 거점을 목적지로 정하고 서둘러 가던 도중 정체가 발각되어 체포되었다. 이 도주극에 민중의 분노가 폭발했고 국왕은 처형대에 한 걸음 더 가까워졌다. 마침내 프랑스 국민은 왕정 폐지를 선택하기에 이르렀다. 바렌으로 이르는 길은 왕정에서 공화정으로 이행하는 분기점이 되었다. 프랑스혁명의 영향이 유럽 전역으로 퍼져 나간 과정을 살펴보면, 혁명의 기운이 유럽 각국으로 번지며 세계사의 크나큰 질곡을 만들어낸 길을 볼 수 있다.

그 밖에도 게르만 민족의 대이동과 바이킹 원정로 같은 민족 이동의 길, 실크로드로 대표되는 교역의 길 등 세계사에 등장하는 '길'은 헤아릴 수 없이 많다. '길'을 매개로 사람들이 이리저리 오가며 새로운 역사가 탄생했다.

이 책에서는 '길'을 실마리로 삼아 세계사를 읽어 나간다. 세계사 속 이름난 사람들, 이름 없는 사람들과 더불어 역사를 만든 길을 따라가는 세계 여행길이 되기를 바란다.

중세 실크로드 무역로에 위치해 중요한 역할을 한 도시 아나톨리아

차
례

2

동서 교류를 촉진하고 글로벌화를 앞당긴 중세의 12가지 길

1

고대 세계를 혁명적으로 바꾼 10가지 길

〚 주요 연표 〛

20만 년 전	호모사피엔스가 출현해 12만 년 전 무렵 아프리카에서 나오다. ☞ p. 26
기원전 3000년경	메소포타미아 문명 융성기로 수메르인의 도시국가가 번영을 누리다. 나일강 유역에 이집트 문명이 일어나다. 황허 유역에 황허 문명이 발전하다.
기원전 2500년경	인더스강 유역에 인더스 문명이 부흥하다.
기원전 2000년경	그리스에 크레타 문명이 융성하다.
기원전 1792년경	함무라비가 바빌로니아의 왕이 되다.
기원전 1595년경	히타이트가 바빌로니아를 멸망시키다.
기원전 1050년경	주(周)가 은(殷), 상(商)왕조를 멸망시키다.
기원전 813년	이 무렵 페니키아인이 카르타고를 건설하다. ☞ p. 34
기원전 800년경	그리스 각지에 폴리스가 생겨나다.
기원전 680년경	아시리아가 오리엔트를 통일하다.
기원전 586년경	유대왕국이 신바빌로니아에 멸망, '바빌론유수'가 일어나다. ☞ p. 40
기원전 525년경	아케메네스왕조 페르시아가 오리엔트를 통일하다.
기원전 509년경	로마에서 공화정이 시작되다.
기원전 490년	아케메네스왕조 페르시아와 그리스 사이에 마라톤 전투가 발발하다.
기원전 480년	살라미스 해전에서 아테네군이 아케메네스왕조 페르시아를 격파하다. ☞ p. 48
기원전 460년경	석가모니가 깨달음을 얻다(다른 설도 있음). ☞ p. 90

기원전 431년	그리스에서 펠로폰네소스 전쟁이 발발하다.
기원전 334년	알렉산드로스 대왕이 동방 원정을 개시하다. ☞ p. 58
기원전 264년	로마와 카르타고 사이에 제1차 포에니 전쟁이 발발하다.
기원전 221년	진(秦) 시황제가 중국을 통일하다.
기원전 216년	한니발이 칸나에 전투에서 로마를 무찌르다. ☞ p. 64
기원전 202년	유방이 항우를 토벌하고 한(漢, 전한前漢)을 건국하다.
기원전 139년경	장건이 서역으로 여행을 떠나다. ☞ p. 96
기원전 30년경	그리스도가 처형되다.
48년	사도 바울이 제2차 전도 여행길에 오르다. ☞ p. 82
2세기 초	로마제국의 판도가 최대에 이르다. ☞ p. 72
208년	적벽대전에서 조조가 대패하다.
224년	사산조 페르시아가 성립하다.
291년	진(晋)에서 '팔왕의 난'이 발생하다.
313년	밀라노칙령으로 로마제국에서 그리스도교가 공인되다.
375년	훈족이 볼가강을 건너며 게르만족의 대이동이 시작되다.
392년	그리스도교가 로마제국의 국교가 되다.
395년	로마제국이 동서로 분열되다.
439년	북위(北魏)가 화북(華北)을 통일하다.
476년	오도아케르가 서로마제국을 멸망시키다.

Road
01

인류 최초의 위대한 선택, 출아프리카의 길

10만 년 전, 아프리카 대륙을 벗어난 인류는 어떻게 지구를 정복했나

"세계사에 등장한 최초의 길은 무엇인가?"

누군가에게 이런 질문을 받는다면 뭐라고 답할 수 있을까? 아프리카 대륙에 맨 처음 뿌리내린 인류가 그곳을 벗어나 다른 대륙으로 이동한 사건, '출(出)아프리카'가 바로 위대한 첫걸음이라고 말할 수 있지 않을까. 장대한 그 길 위에서 인류는 성장하고 발전했으며, 찬란한 문명의 서막을 열었기 때문이다.

단언하건대, 그 길이 없었다면 인류 문명은 콘크리트 바닥 위에 떨어져 싹을 틔우지도 뿌리내리지도 못하는 식물 씨앗처럼 태동하지도, 성장하고 발전하지도 못했을 것이다. 그런 맥락에서 볼 때 원시 인류가 아프리카 대륙을 벗어나 다른 대륙, 나아가 전 세계로 뻗어 나가기 시작한 그 길은 '세계사를 바꾼' 최초의 길이자 이후 인류가 개척하고 걸어 나아간 셀 수 없이 많은 다른 어떤 길보다도 더욱 위대하고 중대한 여정이었다. 최신 연구를 통해 차츰 베일을 벗고 있는 인류의 '대여정(Great Journey)'을 잠시 따라가보자.

다지역 기원설 vs. 아프리카 단일 기원설

인류는 어떻게 진화하고 성장했으며, 마른 들판에 들불 번지듯 전 세계로 퍼져 나갔을까? '직립 이족 보행 능력을 획득한 최초 인류 오스트랄로피테쿠스가 아프리카에서 호모에렉투스로 진화한 후 전 세계로 퍼져 나가는 과정에 지구 위 각 지역에서 네안데르탈인을 거쳐 현생 인류인 호모사피엔스로 진화했다.' 이는 위 질문에 대해 오랫동안 학자들이 정설처럼 받아들여 온 주장이자 학설이다.

학자들은 이런 인류 진화 과정을 '다지역 기원설'이라고 불렀으며, 호모에렉투스의 여정을 역사상 '최초의 길'로 인식했다.

그런데 최근 DNA 연구를 통해 완전히 다른 차원의 '최초의 길'이 존재했다는 주장이 제기되었다. 말하자면 이는 기존의 다지역 기원설에 맞서는 '아프리카 단일 기원설'인 셈이다. 좀 더 부연하자면, 호모에렉투스 시대에 한 차례 전 세계로 흩어진 이들이 현생 인류로 진화한 것이 아니라 아프리카 대륙에 남아 있던 호모에렉투스의 일파에서 현생 인류의 조상이 파생하고 진화했으며, 그들이 다시 세계 곳곳으로 흩어졌다는 주장이다.

인류의 조상이 아프리카를 벗어나 다른 곳으로 이동한 이유는 '뇌 용량'이 커졌기 때문이다?

아프리카에서 진화한 호모사피엔스는 어떻게 전 세계로 퍼져 나갔을까?

인류의 조상은 아프리카에서 탄생했다고 흔히 알려져 있다. 20만 년쯤 전의 일이다. 훗날 그들은 아프리카 대륙을 벗어나 신천지를 찾아 나섰다. 이는 12만 년쯤 전의 일이다.

그들은 왜 삶의 터전인 아프리카를 벗어나 다른 곳으로 갈 생각을 했을까? 이와 관련한 여러 가지 추측 가운데는 미지의 세계를 향한 강한 호기심이 생겨난 덕분이라는 견해가 있다. 그렇다면 미지의 세계를 향한 호기심은 또 어떻게 생겨났을까? 이는 뇌 용량이 커졌기 때문으로 설명할 수 있다. 직립 이족 보행을 하게 되면서 뇌 용량이 점점 늘어났으며, 이 과정에서 자유로워진 두 손으로 필요한 도구를 만들어 사용할 수 있게 되었고 새로운 세계에 대한 관심도 강해졌다는 것이다.

인류의 선조가 아프리카를 벗어나 이동한 길은 크게 두 갈래다. 첫 번째는 동아프리카에서 북쪽으로 향하는 경로다. 당시 호모사피엔스는 수백 명씩 집단을 이루어 시나이반도를 지나 오늘날의 유럽으로 향했다. 한데, 그들이 지나간 곳은 네안데르탈인의 세력권에 속하는 지역이었다. 이 경로로 다른 대륙에 진출하려는 호모사피엔스의 첫 시도가 실패로 끝난 것은 그들과의 충돌과 경쟁에서 패한 결과로 추정할 수 있다.

다지역 기원설에 따르면 네안데르탈인은 35만 년 전 무렵 인류와도 공통되는 호모에렉투스에서 갈라져 나왔을 것으로 추정된다. 그들은 현생 인류보다 훨씬 먼저 아프리카를 나와 중앙아시아에서 유럽에 이르는 넓은 지역에 정착한 것으로 보인다. 이는 12만~13만 5,000년 전의 일로 추정된다.

두 번째는 동아프리카에서 홍해를 건너 아라비아반도에 상륙한 뒤 해안을 따라 남아시아와 동아시아로 퍼져 나가는 경로다. 이 길을 택한 이들은 어느 정도 이동에 성공한 것으로 보인다. DNA 해독 결과에 따르면, 이 집단은 6만 7,000년 전부터 5만 1,000년 전 사이에 인도에 도달했고, 그 후 오스트레일리아와 동아시아에 진출했다. 그리고 먼 훗날 그 집단은 동아시아에 도달한 후 그중 일부가 시베리아 방면으로 북상했는데, 이는 대략 1만 5,000년 전의 일이다. 시베리아 방면으로 북상한 이들은 빙하기로 해수면이 낮아지자 당시만 해도 육지로 이어져 있던 베

링 육교(Bering Land bridge)를 건너 아메리카 대륙에 도착했다.

이렇게 아프리카 대륙을 벗어난 인류의 조상은 아시아 대륙에서 남아메리카 대륙, 오스트레일리아에 이르는 광활한 지역에 넓게 흩어져 정착했다.

호모사피엔스는 과연 네안데르탈인을 멸종시켰을까?

한 가지 질문을 더 해보자. '초기에 유럽 진출에 실패한 호모사피엔스는 이후 어떻게 유럽 정착에 성공했을까?'

12만 년 전 무렵 유럽으로 첫 발을 내딛은 호모사피엔스는 네안데르탈인이 굳건하게 장악한 유럽에 정착하지 못했다. 그러나 그들은 4만여 년 전에 이르러 더는 네안데르탈인에 굴복하지 않았다. 호모사피엔스는 선주민이던 네안데르탈인을 끊임없이 압박해 그들의 거주 지역을 차츰 잠식해갔다. 이후 네안데르탈인은 이베리아반도에 최후 거주 흔적을 남긴 후 완전히 자취를 감추어버렸다. 이는 3만 년쯤 전의 일이다.

이 사실로 미루어보아 유럽 지역에 살던 네안데르탈인은 현생 인류가 등장하면서 도태되었고, 그 시기는 3만여 년 전으로 추정된다. 참고로, 현생 인류가 네안데르탈인을 멸종시킨 것이 아니라 서로 조화롭게 공존하며 혼혈이 활발히 이루어진 결과 순수

혈통의 네안데르탈인이 사라졌다고 주장하는 연구자도 있다. 왜 이런 주장이 나왔을까? 호모사피엔스가 유럽에 본격적으로 진출한 뒤 네안데르탈인이 종적을 감추기까지 무려 1만 년이라는 긴 세월이 필요했기 때문이다.

어느 주장이 옳든 유럽으로 가는 길목을 막고 있던 네안데르탈인을 호모사피엔스가 돌파해 전 세계로 퍼져 나가는 데 성공한 것은 틀림없는 사실이다. 아프리카를 벗어나 다른 대륙으로 향한 인류의 그 첫걸음이 세계사에 등장한 최초의 길이었으며 위대한 도전이었다는 사실도 마찬가지다.

출아프리카와 인류 확산의 길

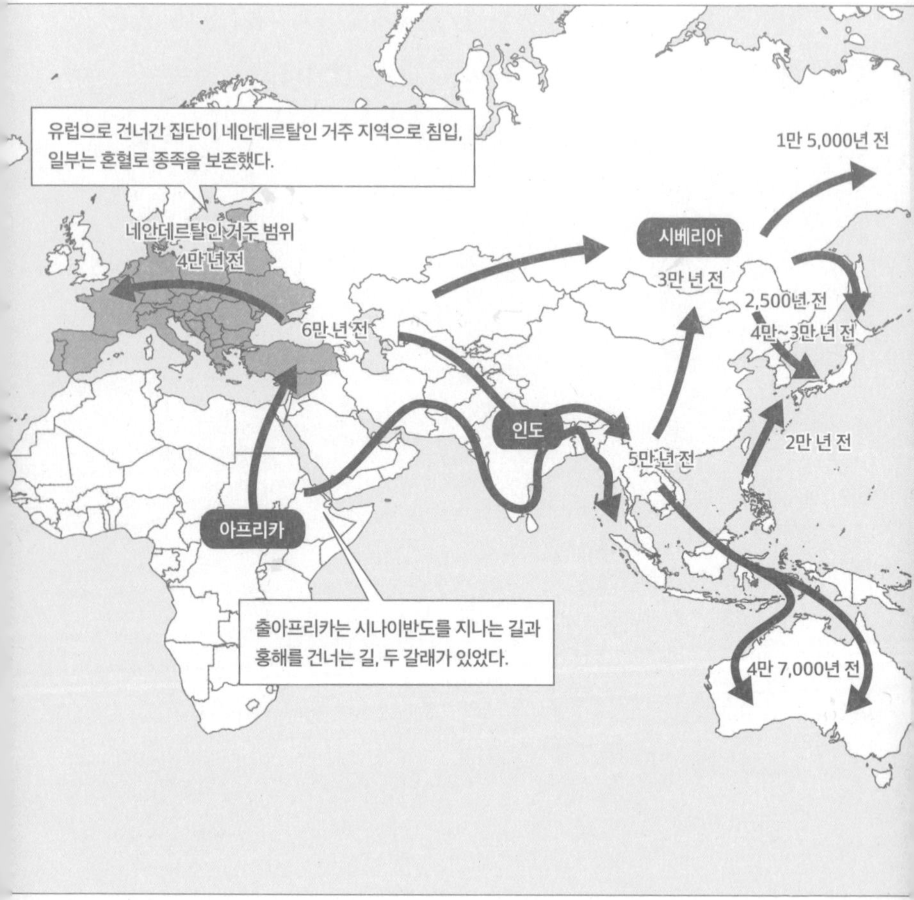

20만 년 전 아프리카에서 탄생한 현생 인류의 일부는 7만 년 전 무렵
아프리카 대륙에서 나와 유라시아와 오세아니아, 아메리카 대륙으로 퍼져 나갔다.
또 네안데르탈인이 거주하고 있던 유럽으로도 진출해 1만 년 동안 공존했다.

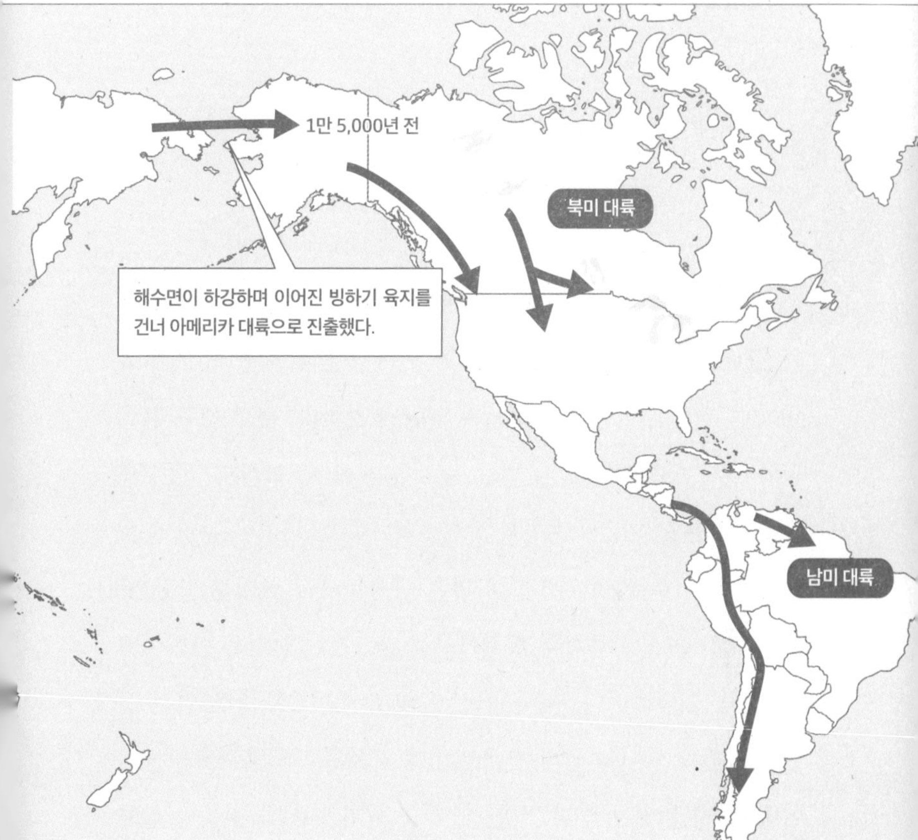

Road
02

무역과 식민지를 발판으로 고대 지중해 세계를 평정한 페니키아인의 길

무역을 위해 언어까지 만든 '뼛속까지 상업민족' 페니키아인의 분투기

아프리카 대륙을 벗어나 전 세계로 퍼져 나간 인류는 농경을 시작하고 최초의 문명을 이룩했다. 기원전 5000년 무렵 오리엔트 지역에서 일어난 일이다. 문명 태동과 발전의 역사에서 빼놓을 수 없는 중요한 지표 중 하나로 '문자'를 꼽을 수 있다. 이집트 문명의 상형문자, 메소포타미아 문명의 쐐기문자가 그런 예다. 페니키아인은 상형문자와 쐐기문자 등 당대의 여러 문자를 융합하고 간략화해 알파벳의 원형을 만들어냈다. 문득 궁금해진다. '다른 어떤 문자도 아닌 페니키아인이 창안한 알파벳은 어떻게 전 세계로 퍼져 나가게 되었을까?' 그들이 이룩한 '지중해 무역'과 '식민 정책'을 살펴보며 위 질문의 답을 찾아가보자.

페니키아인은 어떻게 고대 지중해 세계를 지배했나

페니키아인은 어떤 민족이었을까? 고대 시리아·팔레스타인 연안 지역(오늘날의 레바논)에는 대략 기원전 3000년 무렵부터 가나안 사람들이 살았다. 그 민족에서 파생한 일파가 오늘날 우리가 '페니키아인'이라고 부르는 민족이다. 그들은 이 지역에 풍부한 레바논 삼나무(백향목), 사이프러스 등의 목재와 향유 자원 같은 특산물을 수출해 막대한 부를 쌓았다. 더불어 항해술까지 뛰어났던 페니키아인은 최고급 목재, 자줏빛 염료를 포함한 특산물을 먼 지역까지 운송할 수 있었다.

페니키아인은 시리아·팔레스타인 연안에 시돈, 티레 등으로 대표되는 무역 거점도시를 세웠으며 무역망 확대에 따라 새로운 도시국가를 늘려 나갔다. 이렇듯 페니키아인은 무역과 식민지를 발판으로 삼아 영토를 확장했다.

고대 세계 최고의 명장 한니발을 배출한 카르타고도 페니키아인이 세운 식민 도시국가였다?

페니키아인은 지중해를 중심으로 무역망을 확장하고 영향력을 넓혀 나갔다. 오늘날의 시리아·팔레스타인 연안은 지중해 동안에 속한다. 그곳에서 그들은 지중해를 따라 서쪽으로, 서쪽으로 거침없이 나아갔다. 그러나 아무리 막강한 힘과 능력을 가진 페니키아인이라도 지중해 동쪽 끝에서부터 서쪽 끝까지 모든 바다를 완벽하게 장악할 수는 없었다. 페니키아인이 조금씩 조금씩 진출하며 새롭게 발을 내디딘 지역에 자신들만의 '무역 거점'을 세우고, 그곳에서부터 네트워크를 다지며 천천히 세력권을 넓히는 방식을 활용한 것은 바로 그런 연유에서였다.

페니키아인이 지중해 연안 각 지역에 거점을 만든 상세한 시기와 연대는 정확히 밝혀지지 않았다. 다만 그 무렵 키프로스섬에 페니키아인의 거점이 존재했다고 추정할 수는 있다. 왜냐하면 키프로스섬에서 기원전 11세기 말 제작한 것으로 추정되는 페니키아인의 토기가 대량으로 출토되었기 때문이다.

키프로스섬만이 아니다. 크레타섬에서도 페니키아인의 토기가 대량으로 출토되어 그들이 크레타섬에 진출했음을 확인할 수 있다. 이는 기원전 10세기 중반 즈음의 일이다. 또 기원전 8세기 무렵 사르데냐섬에서 페니키아인의 식민 활동이 있었다는 다수의 증거가 나왔다.

그리고 페니키아인은 지중해 남안에 해당하는 북아프리카 지역으로 진출했다. 그들이 오늘날의 튀니지에 건설한 도시국가는 고대 로마에 맞선 용맹한 한니발 장군을 배출한 카르타고다. 전해지는 이야기에 따르면, 카르타고는 기원전 813년에 건설되어

페니키아인의 식민 도시 카르타고 유적
페니키아인은 한때 지중해를 손아귀에 넣고 지배했다.

지중해 무역 중심지로 자리 잡으며 번영을 구가했다. 지중해 각 지에 식민 도시를 건설한 페니키아인의 세력권은 지중해 서쪽 끝 이베리아반도까지 확장되었다.

페니키아인이 알파벳의 원형 문자를 만든 이유는
당시 언어가 무역 용어로 적합하지 않았기 때문이라고?

페니키아인은 어떻게 알파벳의 원형 문자를 만들어냈을까?

시나이반도에 살던 사람들은 애초 '원시 시나이 문자'라는, 이집트 상형문자와 닮은 그림문자를 사용했다. 그러다가 기원전 20세기 전반에 이르러 팔레스타인 지역민은 원시 시나이 문자를 발달시킨 '원시 가나안 문자'를 사용하게 되었다.

한편 기원전 14세기 중반 전후로 북시리아의 우가리트에서는 메소포타미아에서 기원한 쐐기문자를 사용하고 있었다. 이후 페니키아인은 쐐기문자와 원시 가나안 문자를 개량해 선문자(線文字)로 다듬은 다음 22개 자음을 기호로 표시하는, 알파벳의 원형이 되는 표음문자를 발명했다.

한 가지 의문점이 생긴다. '페니키아인은 왜 그때까지 오리엔트 각 지역에서 광범위하게 사용되던 표의문자(상형문자처럼 뜻을 형태로 바꾸어 표시하는 문자)를 사용하지 않았을까?' 정확히 알 수는 없지만 표의문자가 무역용어로 적합하지 않았기 때문이라는 주장이 가장 신뢰할 만하다. 즉, 실용성을 극대화해야 하는 무역 현장에서 좀 더 효과적이고 간편하게 의사를 전달하고 소통하기 위한 별도의 문자가 필요하다고 여겼기 때문이라는 얘기다.

페니키아인의 알파벳은 그들이 지중해 서쪽으로 세력권을 확장해감에 따라 급속도로 퍼져 나갔다. 지중해 섬을 거쳐 그리스로 전파된 페니키아인의 알파벳은 그리스 문자로 발전했다. 그리고 그리스 문자가 로마에 전해져 로마 문자로 변형되었다.

페니키아인은 지중해 무역로를 개척하는 동시에 알파벳을 전파하는 '문명의 길'을 탄생시켰다. 고대에 페니키아인이 활발한 지중해 무역활동을 통해 알파벳이라는 획기적인 문자를 개발하고 확산시키지 않았다면 아마도 세계사는 오늘날 우리가 아는 것과 상당히 다른 방향으로 흘러가지 않았을까.

Road
03

고난과 역경 속에서 유대교를 만들어 세계사의 물줄기를 바꾼 바빌론 유수의 길

유대 민족의 선민사상은 어떻게 탄생했을까

팔레스타인은 페니키아인이 건설한 식민 도시다. 그 후 이 지역은 기나긴 시간을 지나며 각 나라가 서로 뺏고 뺏기는 치열한 영토 분쟁의 무대가 되었다. 이스라엘 민족은 가나안인을 몰아내고 그 땅에 자신의 왕국을 세웠다. 기원전 1000년 즈음의 일이다. 그리고 강력한 선민사상을 바탕으로 그리스도교의 원류가 되는 일신교인 유대교를 성립시켰다.

이스라엘 민족이 나라를 세우기까지 거쳐간 여정은 전설에 가깝다. 어쨌든 메소포타미아에서 가나안에 이르는 아브라함의 여행, 이집트에 다다른 요셉의 여행, 그리고 모세가 이 민족을 이끌어 가나안 땅에 도착한 출애굽 여행까지 이스라엘 민족의 역사는 그야말로 '여행의 역사'라고 할 만하다. 이스라엘인의 장대한 여정 끝에 탄생한 종교가 유대교이고 그 종교의 경전이 『구약성경』이다.

기원전 586년, 신바빌로니아 왕 네부카드네자르 2세에 의해 멸망한 이스라엘인의 나라 유대왕국

오늘날의 이스라엘은 1948년에 세워져 아직 100년도 되지 않은 신생국가다. 그러나 그 기원을 거슬러 올라가면 무려 3,000년 전이라는 까마득히 먼 옛날, 같은 이름의 유대인 국가를 만나게 된다.

그러나 그 나라는 기원전 6세기에 멸망했고, 유대인은 오랜 세월 나라 없는 민족으로 온갖 박해와 설움을 견뎌내며 험난한 길을 걸어왔다. 그 과정에 일어난 중대한 역사적 사건의 하나가 '바빌론 유수'다.

고대 이스라엘왕국은 다윗 왕, 솔로몬 왕이라는 유능한 군주로 이어지며 전성기를 맞이했다. 기원전 11세기에서 기원전 10세기에 이르는 시기의 일이다. 그러나 그 후 이 나라는 북쪽의 이스라엘왕국과 남쪽의 유대왕국으로 갈라지는 고통스러운 과정을 겪어야 했다. 몇백 년 지나지 않아 북쪽의 이스라엘왕국은 그 지역의 절대강자 아시리아제국에 의해 멸망당했다. 이는 기원전

722년의 일이다. 이후 실낱같은 목숨을 간신히 이어가고 있던 유대왕국도 아시리아를 무너뜨리고 패자의 자리에 오른 신바빌로니아라는 신흥강대국과 이집트 사이에 끼어 고래 싸움에 새우 등 터지는 신세가 되었다.

이집트와 신바빌로니아 사이에서 선택을 종용받은 유대왕국은 결국 누구 편에 붙었을까? 정답은 이집트다. 그러나 결과적으로 이는 현명하지 못한 결정으로 판명났다. 그 선택으로 인해 신바빌로니아의 심기를 치명적으로 거슬렀고, 유대왕국의 수도 예루살렘이 신바빌로니아 군대에 의해 포위당하고 공격당했기 때문이다.

궁지에 몰린 유대왕국은 자발적으로 신바빌로니아 복속을 선택해 겨우 멸망만은 면했으나 이 나라의 왕족과 고관대작을 비롯해 군인, 장인 등 1만여 명이 비참한 포로 신세가 되어 신바빌로니아로 끌려갔다. 기원전 597년에 일어난 이 사건을 역사는 '제1차 바빌론 유수'라고 부른다.

포로로 끌려간 유대 민족은 정든 예루살렘을 떠나 사마리아를 거쳐 리블라로 북상한 후 유프라테스강 연안을 따라 남하하는 기나긴 여정 끝에 신바빌로니아에 다다랐다. 그 후 그들은 제한된 구역에 감시를 받으며 강제로 거주했다. 그리고 농업과 상업으로 생계를 이어갔다.

예루살렘에서 신바빌로니아에 이르는 그 길고도 험난한 길은 이후 수천 년간 유대 민족이 걸어야 했던 훨씬 거칠고 험난한 여정의 서막과도 같은 여정이었다.

유대왕국을 굴복시킨 신바빌로니아는 시드기야(Zedekiah, 재위 597~586 BC)를 유대왕국 왕으로 옹립했다. 시드기야는 자신이 '이민족의 추악한 손에 의해 추대되었다'는 사실을 잊지 않았고 극심한 굴욕감을 느꼈다. 그는 은밀히 이집트와 내통했으며, 기원전 589년 마침내 신바빌로니아에 반기를 들었다.

신바빌로니아의 왕 네부카드네자르 2세(Nebuchadnezzar II, 재위 605~562 BC)는 약속을 저버리고 반란을 일으킨 시드기야왕과 유대 민족을 용서하지 않았으며 무자비하게 보복했다.

신바빌로니아 군대는 유대왕국을 향해 출병했고 얼마 지나지 않아 예루살렘에 도착해 도시를 무차별 공격하고 파괴했다. 기원전 586년의 일이다. 도시는 함락되었고 유대 왕 시드기야는 자식들이 자신의 눈앞에서 처형당하는 참담한 일을 겪은 후 두 눈이 파내어져 포로로 끌려갔다. 네부카드네자르 2세는 그러고도 분이 풀리지 않았는지 제1차 바빌론 유수에서 운 좋게도 연행을 면한 예루살렘인을 모조리 신바빌로니아로 끌고 오게 했다. 이를 '제2차 바빌론 유수'라고 부른다.

이렇게 유대왕국은 멸망했다. 이스라엘인의 나라는 사라졌다.

주님께서 우리를 아주 버리셨습니까? 우리에게서 진노를 풀지 유대왕국의 수도 예루살렘은 유대인의 영원한 성지가 되었다.

않으시렵니까?('예레미야 애가' 중에서)

왜 그들은 혹독한 시련이 닥칠수록 더욱 강한 선민의식을 갖게 되었나

포로 신세가 되어 끌려갔다고는 하나 신바빌로니아로 이주한 유대왕국의 백성은 비교적 자유로운 생활을 보장받았다. 그러나 그들은 다신교를 믿는 머나먼 이국땅에서 노골적으로 민족 분열을 조장하는 혹독한 시련을 견뎌내야 했다.

그 과정에서 유대 민족의 민족적 정체성을 유지하는 데 필요한 버팀목은 유일신 야훼를 향한 굳건한 신앙심이었다.

이스라엘인은 자신이 겪는 혹독한 시련을 신이 내린 형벌이라고 믿었다. 그리고 흥미롭게도 그들은 이스라엘인이 주변 민족에게 당하는 멸시와 냉대를 오히려 '신에게 선택받은 민족'의 증표라고 믿게 되었다. 그 결과 그들은 '신이 우리 민족을 특별히 사랑해서 이런 고난을 겪게 하셨다'라는 식의 의식을 발전시켰으며 '신에게 선택받은 민족'이라는 선민사상을 갖게 되었다.

유대인은 오랜 시간과 엄청난 공을 들여 기존의 종교적 율법과 예언서를 종합하고 갈무리해 신앙의 주춧돌이 되는 『구약성경』을 편찬했다. 이는 '유대인'이라는 민족의식을 고양하고 신앙을 더욱 확고히 하기 위한 중요한 작업이었다.

영원할 것만 같았던 신바빌로니아제국이 아케메네스왕조 페르시아에 의해 멸망했다. 기원전 539년의 일이다. 포로로 잡혀 있던 유대인은 마침내 해방되어 예루살렘으로 돌아가도 될 뿐 아니라 예루살렘에 유대교 신전을 세워도 좋다는 허락을 얻었다.

이렇게 우여곡절 끝에 예루살렘에 돌아온 사람들이 오랜 시간과 노력을 들여 신전을 완성했다. 이는 기원전 515년의 일이다. 이 신전은 '제2 성전'이라는 이름으로 불렸는데, 솔로몬 왕이 세운 신전과 구별하기 위해서였다. 그 후 자치는 인정되었으나 국가를 건설하기까지는 또다시 긴 시간이 필요했다.

이스라엘 민족이 걸은 신바빌로니아와 예루살렘에 이르는 길은 그야말로 거칠고 험난한 고난의 길이었으나 유대 민족의 자긍심에 확신을 더하는 민족성 확립의 길로 자리매김했으며, 민족 종교인 유대교 성립의 길이 되었다. 그리고 그 길은 세계 역사의 물줄기를 크게 바꿔놓았다.

유대교 신자가 기도를 드리는 예루살렘 신전 서쪽 벽인 '통곡의 벽'

Road
04

역설적으로 아테네에 '민주주의의 길'을 열어준 페르시아 전쟁의 길

병력 면에서 그리스군을 압도하는 페르시아군이 판판이 패배한 이유는?

오늘날의 이란을 중심으로 한 지역에서 아케메네스왕조가 세력을 키우기 시작한 것은 기원전 7세기 무렵부터다. 이후 키루스 2세(Cyrus II, 재위 559~530 BC) 시대에 아케메네스왕조 페르시아제국의 기틀을 확고히 다졌다. 키루스 2세는 소아시아를 점령한 데 이어 신바빌로니아제국을 함락시키고 바빌론 유수 중인 유대인을 해방시켰다. 그리고 키루스 2세의 뒤를 이은 캄비세스 2세(Cambyses II, 재위 530~522 BC)가 이집트를 정복함으로써 아케메네스왕조 페르시아가 고대 오리엔트를 통일했다. 이는 기원전 525년의 일이다.

마침내 동쪽의 인더스강 서안에서 서쪽의 소아시아, 그리고 이집트에 이르는 대제국으로 발전한 페르시아는 소아시아를 사이에 두고 그리스 문명권과 경계를 접하게 된다. 두 세력은 이오니아 반란을 계기로 본격적으로 대립하기 시작해 결국 12년간 이어진 페르시아 전쟁에 돌입했다.

오리엔트 세계를 통일하고 소아시아반도까지 휩쓴 아케메네스왕조 페르시아

페르시아라는 국명은 이란 고원의 파르스(Fars) 지방에 살던 사람들을 '페르시아인'이라고 부른 데에서 비롯되었다. 원래 페르시아인은 자신을 '이란인'('아리아인'이라는 의미)이라고 불렀다. 그들은 한때 메디아왕국의 지배를 받기도 했으나 아케메네스 가문이 권력을 잡으면서 독립, 건국한 후 '아케메네스왕조 페르시아'라고 불렀다.

아케메네스왕조는 에게해 건너편 소아시아반도를 휩쓸었다. 기원전 6세기 후반의 일이다. 당시 소아시아 에게해 연안의 이오니아 지역에는 밀레투스 등 그리스인이 세운 식민 도시가 자리 잡고 있었다. 페르시아의 강력한 불길이 확산되어 오자 이오니아의 그리스 식민 도시들은 아테네에 긴급히 지원군을 요청했다. 이는 기원전 499년의 일이다.

마침내 기원전 492년, 페르시아제국 황제 다리우스 1세(Darius

I, 재위 522~486 BC)가 제1차 그리스 원정에 나섰다. 그런데 운 나쁘게도 에게해로 나아간 페르시아군 함대가 아토스곶 부근에서 풍랑을 만나 발이 묶이는 신세가 되었다. 그에 따라 육로를 통해 그리스 본토로 진격하던 페르시아군이 고립될 위험을 피하기 위해 진군을 멈추면서 원정은 중단되었다.

다리우스 1세는 그리스 원정을 포기하지 않았다. 그로부터 2년 후인 기원전 490년, 전열을 가다듬은 다리우스 1세는 다시 그리스를 공격하기 위해 대군을 일으켰다. 당시 페르시아군이 선택한 원정로는 제1차 그리스 원정 때와 달랐다. 즉, 에게해로 진격한 페르시아군은 에게해 섬들을 지나쳐 그리스 본토의 아테네를 바로 공격하는 길을 택했다. 이는 에게해를 가로지르는, 말하자면 그리스군의 허를 찌르는 방법이었다.

페르시아는 어떻게 복잡한 에게해 섬들을 요리조리 빠져나가며 영리하게 항해할 수 있었을까? 이는 아테네 출신의 한 인물이 물길을 안내하는 길라잡이 역할을 한 덕분이었다. 그의 이름은 히피아스(Hippias). 그는 한때 아테네의 참주였으나 폭정을 펼치다 독재 정치에 불만을 품은 민중의 반발로 추방되어 페르시아로 망명해 있었다.

아테네를 향해 가던 페르시아군은 아티카반도 마라톤 평원에 상륙했다. 당시 페르시아군은 3만여 명으로 추산된다. 페르시아 원정군에 맞선 그리스군은 아테네의 중장보병을 주력으로 하는 부대로, 적군의 3분의 1 수준인 1만여 명에 불과했다.

결전 당일, 그리스군과 페르시아군은 서로 활을 겨누고 대형을 유지한 채 마주 보며 대치하고 있었다. 그 상황에서 전술 능력이 탁월한 그리스군 총사령관은 적군과의 거리가 차츰 좁혀지자 재빨리 중장보병을 내보내 기습하게 했다. 그런 다음 동요하는 적군을 향해 빗발처럼 화살을 쏘아대자 페르시아군은 마침내 당해내지 못하고 무너졌다.

고대 전쟁과 무기를 주제로 여러 권의 책을 출간한 이치카와 사다하루(市川定春)는 『고대 그리스인의 전쟁(古代ギリシア人の戦争)』(2003)에서 당시 전투 상황을 위와 같이 설명했다.

결과적으로 해안선을 따라 그리스로 향한 제1차 원정로도, 에게해를 가로질러 그리스로 향한 제2차 원정로도 모두 페르시아에는 쓰라린 '패배의 길'이 되고 말았다.

세 차례에 걸친 페르시아의 그리스 원정이 아테네에 '민주제로 가는 길'을 열어주었다고?

두 차례에 걸친 다리우스 1세의 그리스 침략은 실패로 돌아갔다. 그리고 그 원대한 계획은 다리우스 1세의 아들 크세르크세스 1세(Xerxes I, 재위 486~465 BC) 황제에게로 이어졌다.

크세르크세스 1세는 제3차 그리스 원정을 감행했다. 기원전 480년의 일이다. 병력 20만 명, 함선 1,000척으로 꾸린 대규모 군대였다. 크세르크세스 1세는 과거의 실패를 반면교사 삼아 페르시아 육군을 소아시아에서 출발해 에게해 북쪽 해안을 따라 그리스로 남하하게 했다. 또 그는 식량과 무기 등 주요 군수 물자를 해로로 이동시켜 보급하는 등 만일의 사태에 치밀하게 대비했다.

한편 아테네를 중심으로 연합군을 형성한 그리스군은 압도적인 수적 열세를 보완하고자 그리스 내륙 깊은 곳으로 페르시아군을 유인하는 전술을 구사했다. 그런데 이 전술은 그야말로 "자신의 살을 베어 내주고 상대의 뼈를 끊는다"라는 의미의 '육참골단(肉斬骨斷)'이라 할 만한 작전이었다. 왜냐하면 이 전술을 구사하게 되면 아테네 같은 그리스 도시가 페르시아군에게 철저히 유린당할 위험이 있었기 때문이다.

스파르타의 왕 레오니다스 1세(Leonidas I, 재위 489~480 BC)가 이끄는 300명의 스파르타 정예부대는 테르모필레의 좁고 험한 길에 매복한 채 발칸반도를 남하해 쳐들어오는 페르시아 육군을 기다리고 있다가 공격하기로 했다. 이곳은 가파른 해안절벽을 등진 험로로 천혜의 요새 같은 지형이었다. 길이 워낙 좁아 대군이 한 번에 지나갈 수 없는 곳이기도 했다.

자크 루이 다비드, 〈테르모필레 전투의 레오니다스〉
1814, 395×531cm, 캔버스에 유채, 루브르미술관, 파리
제3차 그리스 원정에 나선 페르시아군은 테르모필레에서 진을 치고 있던
레오니다스 1세가 이끄는 스파르타군을 무찔렀다.

전투 초반에 스파르타군은 지리적 이점을 최대한 활용해 잘 싸웠으며 엿새 동안이나 페르시아군을 저지하는 데 성공했다. 그러나 밀고자가 스파르타군의 배후로 도는 사잇길을 페르시아군에 알려주면서 형세는 역전되었고 테르모필레를 지키던 스파르타군은 전멸당했다. 페르시아군은 그 기세를 몰아 아테네까지 함락시키겠다며 진군을 멈추지 않고 계속 남하했다.

그때 아테네는 뭘 하고 있었을까? 아테네 역시 가만히 앉아 시간을 허비하며 페르시아군이 오기만 넋 놓고 기다리고 있지는 않았다. 아테네는 도시를 모두 비운 채 꼭 필요한 소수 인원만 남아서 지키며 인적 피해를 최대한 줄였다. 테르모필레 전투가 벌어지는 동안 아테네 병사는 모두 군함에 올라타 페르시아 함대를 해상으로 유인하는 작전에 돌입했다. 아테네 해군은 좁은 살라미스 물길로 페르시아 함대를 유인해 섬멸한다는 작전을 세웠다. 페르시아 군함은 대형이라 움직임이 둔했다. 반면 아테네 군함은 소형이라 기동성이 뛰어났다. 아테네는 좁은 살라미스 물길을 잘만 활용하면 충분히 승산이 있다고 여겼다.

그러나 적선을 교묘하게 살라미스 물길로 유인하지 못하면 작전은 실패로 돌아가기 십상이었다. 아테네 해군을 지휘한 테미스토클레스 장군은 '테르모필레의 패전으로 아테네군의 사기가 떨어질 대로 떨어져 이미 싸울 의지를 상실했다'는 식의 유언비어를 퍼뜨려 페르시아군을 방심시켰다.

페르시아 침공로

페르시아 전쟁에서 그리스군이 페르시아군을 세 차례 격퇴했다.

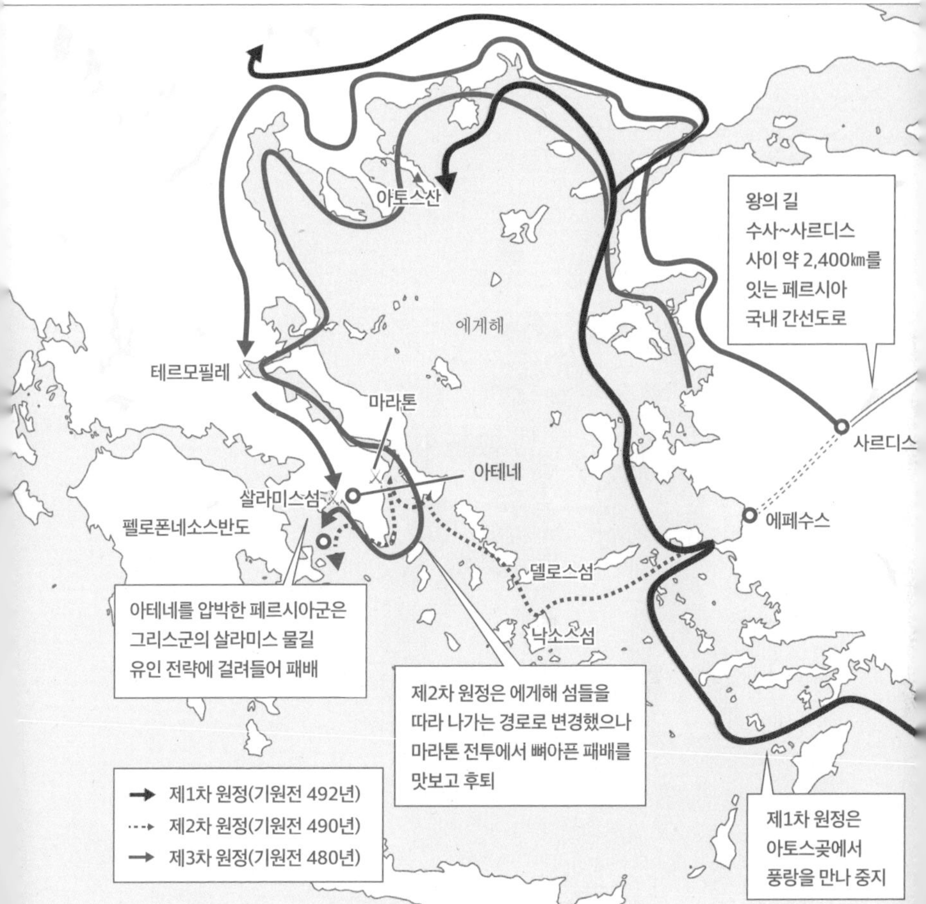

과거 격전지를 바라보도록 세워진 살라미스 해전 기념탑

마침내 아테네 해군은 페르시아 해군을 살라미스 물길로 유인해 파상 공세를 펼쳐 격파했다. 한때 아테네를 점령한 페르시아 육군도 살라미스 해전의 패배로 보급이 끊겨 플라타이아이 전투에서 대패한 채 서둘러 퇴각해야 했다.

승리의 여신은 페르시아의 제3차 그리스 원정길에도 미소를 보내주지 않았다. 한편 페르시아의 침공을 막아낸 아테네에서는 중장보병 시민과 함께 노잡이로 싸운 무산 시민의 지위가 향상되었고 민주정치가 확립되었다. 세 차례에 걸친 페르시아의 그리스 원정은 이렇듯 아테네에 '민주제로 가는 길'을 활짝 열어주었다.

Road

05

동서문화 융합의 중요한 계기가 된 알렉산드로스 대왕의 원정길

그의 원정은 오리엔트 세계에 독이 되었나 약이 되었나

그리스 연합군은 비록 페르시아에 맞서 승리를 거두긴 했으나 전쟁 기간 내내 수동적으로 방어에 집중하는 모습을 보였다. 그러나 불세출의 영웅 알렉산드로스 대왕(Alexander III, 재위 336~323 BC)이 역사의 무대에 본격적으로 등장하면서 그리스는 과거와 달리 능동적인 해외 원정으로 진로를 바꾸었다. 이는 기원전 4세기 후반의 상황이다.

알렉산드로스 3세는 그리스 세계 전체를 대표해 페르시아에 복수를 다짐하며 원정을 감행했다. 그의 페르시아 원정은 한편으로 오리엔트 세계의 지배 체제를 무참히 파괴했다. 그러나 다른 한편으로 그의 기발하고도 과감한 정책은 그리스 문화와 오리엔트 문화를 융합시키는 방향으로 귀결되었다.

두 차례 큰 전투에서의 승리로 대제국 페르시아를 무너뜨린 알렉산드로스 3세

마케도니아는 기원전 4세기 중후반 무렵 발칸반도 중부 지역에서 발흥했다. 아민타스 4세(Amyntas IV, 재위 359~359 BC)에 이어 필리포스 2세(Philippos II, 재위 359~336 BC)가 왕위에 오르면서부터였다. 알렉산드로스 3세의 아버지 필리포스 2세 시대에 카이로네이아 전투에서 승리하며 마케도니아는 그리스 세계 전체에 강력한 영향력을 발휘했다. 그러나 필리포스 2세가 갑자기 암살당하고 스무 살이던 아들 알렉산드로스가 왕위를 계승해 마케도니아 왕이 되었다. 기원전 336년의 일이다. 알렉산드로스 3세는 그리스 도시의 반란을 전광석화와도 같이 진압한 후 아버지 필리포스 2세의 염원이던 동방 원정을 감행했다. 이는 기원전 334년의 일이다. 이렇게 알렉산드로스 3세의 10여 년에 걸친 대원정이 시작되었다.

알렉산드로스 3세가 이끈 동방 원정은 아케메네스왕조 페르시아와 맞붙었던 페르시아 전쟁에 대한 보복전의 성격이 강했다고 알려져 있다. 또한 아테네와 스파르타 사이에 벌어졌던 펠로폰네소스 전쟁으로 인해 피폐해질 대로 피폐해진 그리스 여러 도시의 불만을 해소하기 위한 목적도 있었다.

알렉산드로스 3세는 소아시아를 지나 이소스 전투에서 페르시아제국 황제 다리우스 3세(Darius III, 재위 336~330 BC)를 무찔렀다. 기원전 333년의 일이다. 그는 한발 더 나아가 팔레스타인과 이집트를 공략해 자신의 세력권으로 편입시켰다. 그는 원정 도중 70여 개 도시를 새롭게 건설했는데, 그들 도시를 자기 이름을 따서 '알렉산드리아'라고 불렀다.

이집트를 제패한 알렉산드로스 3세는 군대를 이끌고 동방으로 진군했다. 기원전 331년 그의 군대는 티그리스강 동편의 가우가멜라에서 다리우스 3세와 다시 한 번 맞붙었다. 다리우스 3세는 알렉산드로스 3세의 적수가 되지 못했다. 이번에도 전투에서 패배한 다리우스 3세는 혼비백산하여 도망치기에 급급했다.

황제가 도망치고 버려진 페르시아제국 수도 페르세폴리스를 점령한 알렉산드로스 3세는 페르시아의 귀한 보물을 모두 챙긴 뒤 크세르크세스 1세의 거대한 석상을 때려 부수고 화려한 궁전과 도시에 불을 질렀다. 과거에 페르시아가 그리스를 침공해 아테네를 불태웠던 데 대한 보복인 셈이었다. 다리우스 3세는 그로부터 얼마 지나지 않아 부하의 손에 암살되었고 아케메네스왕조 페르시아는 영원히 역사의 무대에서 퇴장했다. 기원전 330년의 일이다.

복수를 명분으로 내걸고 원정길에 나섰으며 때론 적에게 잔혹했으나 알렉산드로스 3세는 민중에게는 관대한 통치자였다. 그는 각지의 문화를 적극적으로 수용했을 뿐 아니라 자기 부하인 마케도니아 장수와 페르시아의 왕족 및 귀족 여성과의 결혼

〈알렉산드로스 모자이크〉

c. 100 BC, 모자이크, 272×513cm, 국립고고학박물관, 나폴리

알렉산드로스 대왕과 다리우스 3세가 격전을 벌인 이소스 전투를 그렸다고 알려진 폼페이의 모자이크

을 장려했다. 그런 터라 두 나라 사이에 수많은 결혼식이 이루어졌다. 실제로 그는 몸소 다리우스 3세의 딸과 박트리아의 여왕을 신부로 맞아들이기도 했다.

당대 사람들은 누구나 페르시아제국이 멸망했으니 알렉산드로스 대왕의 원정도 끝났다고 예상했다. 그러나 그렇지 않았다. 알렉산드로스 3세의 야망은 그 정도에 그치지 않았다. 그는 동쪽으로 더 나아가 인도의 인더스강을 건넜다. 기원전 326년의 일이다. 그러나 오랜 원정으로 인해 극심한 피로가 쌓인 데다 향수병마저 심해진 병사들의 거센 반발과 저항에 맞닥뜨린 알렉산드로스 3세는 할 수 없이 원정을 중단한 채 인더스강을 건너 회군했다. 그리고 그는 바빌론에 머무는 동안 임종을 맞이했다. 이는 기원전 323년의 일이다.

그리스 문화를 오리엔트 세계에 전파하는 중요한 통로가 된 알렉산드로스 대왕의 원정

알렉산드로스 대왕의 원정길은 그리스 문화를 오리엔트에 전파하는 중요한 통로가 되었다. 그는 일방적으로 그리스 문화를 강요하지 않았으며 오리엔트 지역의 문화를 존중해주었다. 그랬기에 동서 문화가 융합한 '헬레니즘 문화'가 탄생할 수 있었다.

그 시대에 인더스강 상류 간다라(오늘날의 파키스탄 페샤와르)에서 부처상을 제작하게 되면서 불상의 역사가 시작되었다. 이는 고대 그리스에서 발전한 신상(조각) 제작 기술을 배우고 응용한 결과였다. 또한 신앙과는 별개로 '사유'를 통해 마음의 평안을 얻고자 했던 그리스 철학이 이 시대에 융성했으며 집대성되었다.

그뿐만이 아니다. 이집트의 프톨레마이오스왕조가 세운 무세이온을 중심으로 자연과학 연구가 진행되었고, 시칠리아의 철학자 아르키메데스와 평면기하학을 집대성한 유클리드(에우클레이데스) 등의 걸출한 학자가 등장했으며, 마침내 그들의 뛰어난 자연과학 지식이 동방으로 전해졌다.

알렉산드로스 대왕 사후 오리엔트 지역에서는 그의 휘하에 있던 장수들이 독립해 헬레니즘 국가를 세웠는데, 이는 헬레니즘 문화 발전의 원동력이 되었다.

'원정길이란 파괴와 살육으로 점철된 길'이라는 이미지가 강하지만 알렉산드로스 대왕의 원정길은 그리스 문화를 오리엔트 세계에 전파하고 오리엔트 문화와 융합시킨 위대한 문화의 길이기도 했다.

Road
06

로마 역사상 가장 큰 위기를 안긴 한니발의 이탈리아 원정길

알프스를 넘어 로마의 허를 찌르고 로마군 8만 명을 전멸시켜 절체절명의 위기에 빠뜨리다

그리스 문명이 동방으로 영향력을 펼쳐 나가던 무렵 지중해에서는 뛰어난 항해술로 무역을 독점한 페니키아인이 북아프리카의 카르타고를 중심으로 세력을 떨치고 있었다. 그리고 기원전 272년 이탈리아반도를 통일한 로마가 지중해를 장악하기 위해 본격적으로 움직이기 시작했다. 따라서 지중해 패권을 두고 로마와 카르타고가 부딪히는 것은 당연한 수순이었다.

로마와 카르타고는 기원전 264년에서 기원전 146년까지, 세 차례 맞붙은 포에니 전쟁에서 격돌했다. 로마가 '지중해의 강자'로 부상하는 전쟁이 치러지는 동안 이탈리아반도에는 카르타고 장군 한니발의 힘겨운 원정의 발자국이 깊이 새겨졌다.

지중해 패권을 다투는 두 나라, 로마와 카르타고

기원전 3세기에 카르타고는 페니키아 식민지 가운데 가장 번성한 도시국가였다. 카르타고는 시칠리아섬을 마주하고 있는 북아프리카에 위치(오늘날의 튀니지)한 이점을 최대한 활용해 지중해를 장악하고 무역으로 커다란 부를 쌓아가고 있었다. 이런 카르타고를 위협하는 강력한 세력이 등장했으니, 바로 로마다. 로마는 이탈리아반도를 통일하고 본격적으로 세력을 확장하기 시작했다. 이는 기원전 272년의 일이다. 로마는 성장과 번영을 위해서 지중해 패권을 반드시 손에 넣어야 했다. 그랬기에 로마와 카르타고 사이에는 항상 아슬아슬한 긴장감이 감돌았다.

그러던 중 카르타고의 지중해 제해권과 상업권을 호시탐탐 노리고 있던 로마에게 드디어 기회가 찾아왔다. 이탈리아반도 끝에 거의 붙어 있는 섬 시칠리아에서 분쟁이 일어난 것이다. 시칠리아의 메사나(Messāna, 오늘날의 메시나)를 중심으로 발발한 분쟁에서 한쪽은 카르타고 장군에게, 다른 한쪽은 로마군에게 원군을 요청했다. 이에 따라 로마와 카르타고는 시칠리아 영유권을 놓고 승자를 가려야 했다.

결국 카르타고와 로마가 전면적인 전쟁에 돌입했다. 기원전 264년의 일이다. 이렇게 시작된 제1차 포에니 전쟁은 개전 후 단속적인 전투가 23년 동안 이어졌다. 초기에는 카르타고가 우위

세바스티앙 슬로츠, 〈한니발〉
1722, 대리석, 높이 250cm, 루브르미술관, 파리
빠르게 성장한 도시국가 로마를 뒤흔들었던 카르타고의 명장 한니발

를 점했다. 해운업으로 부를 일군만큼 해군력이 상대적으로 로마를 앞섰기 때문이었다. 그러나 로마가 가만히 당하고 있지만은 않았다. 코르부스(corvus, '갈까마귀'라는 의미)라는 해전 전용 신병기를 투입해 전장을 장악한 로마 앞에 카르타고군이 줄줄이 쓰러져 나갔다.

결국 승리는 로마군의 차지였다. 카르타고는 시칠리아섬의 절반에 해당하던 지배권을 빼앗기고 거액의 배상금마저 지불하게 되었다. 게다가 카르타고는 해군 보유를 금지당함으로써 날개 꺾인 새 신세로 전락하고 말았다.

한니발의 카르타고군은 왜 칸나에 전투에서 로마군을 전멸시키고도 로마의 벽을 넘지 못했나

카르타고는 로마를 향한 복수의 칼을 갈고 있었다. 로마가 엄격하게 감시하는 카르타고 본토에서는 보복전을 준비할 수 없었기에 이베리아반도로 건너가 '카르타고노바(오늘날의 카르타헤나)'라는 도시를 건설하고 그곳에서 군대를 육성했다. 그 중책을 맡은 이는 카르타고의 군인이자 정치가인 하밀카르 바르카, 즉 한니발의 아버지였다. 하밀카르 장군은 이베리아반도에서 세력을 확고히 다지던 중에 사망했다. 기원전 228년 무렵의 일이다. 로마를 향한 복수의 유지는 아들 한니발에게로 이어졌다. 기원전 219년, 준비를 마친 한니발 장군이 드디어 군대를 이끌고 로마를 향해 출발했다.

이베리아반도에서 로마로 가는 길은 해안선을 따라가는 경로가 일반적이다. 그러나 한니발은 흔히 생각할 수 있는 경로는 애초부터 계획에 넣지 않았다. 그는 국력이나 기세에 있어 이미 카르타고를 앞서게 된 로마에 맞서려면 기습 작전을 감행해야 그나마 승산이 있다고 생각했다.

해안선을 따라가다 보면 로마의 동맹국 마살리아(오늘날의 마르세유)를 지나야 하는데, 그러면 카르타고의 진군 소식이 곧바로 로마에 전해지게 될 터였다. 그래서 한니발은 누구도 생각하지 못한 기발한 경로를 택했다. 한겨울 험준한 알프스산맥을 넘는 대담한 길이었다. 한니발이 택한 경로를 두고 여러 설이 전하는데, 이제르강을 따라가다 클라피에 고개를 넘는 길로 추정하는 학자가 많다.

그러나 알프스산맥을 넘어가는 길은 한니발이 상상한 것보다 훨씬 더 험난했다. 전해지는 이야기로는 거친 산을 헤치고 나아간 15일 동안 살아남은 병사는 출발 당시의 절반에도 미치지 못한 보병 2만 명, 기병 6,000명, 몇 마리 전투 코끼리뿐이었다고 한다. 한니발은 로마가 지배하는 지역의 여러 제후를 자기편으로 끌어들여 전력을 보충한 후 보병 4만 명, 기병 1만 4,000명을 이끌고 이탈리아반도 토리노에 나타나 로마 동맹도시를 급습했다. 로마 동맹체제를 무너뜨리려는 작전이었다. 이에 대항하고자 로마군은 보병 8만 명, 기병 6,000명을 급히 파견했다.

드디어 남이탈리아 칸나에에서 로마군과 카르타고군이 격돌했다. 기원전 216년의 일이다. 한니발은 수적 열세를 극복하고자 작전을 구사했다. 그는 중앙부대를 조금씩 후퇴시키는 동시에 양 측면의 기병을 전진시키며 로마군을 바깥쪽에서부터 집중 공격해 들어갔다. 로마군을 포위하는 이 작전이 멋지게 맞아떨어져 로마군은 전멸했다.

칸나에 전투에서 압승을 거둔 한니발은 그 후 13년에 걸쳐 이탈리아반도 각지에서 나타나 공격을 퍼부움으로써 로마군의 골머리를 썩였다. 이에 로마군은 한니발과의 결전을 계속 피하는 수를 쓰며 동맹도시가 이탈하지 않도록 하는 데 집중했다. 그리고 틈을 노려 로마군이 카르타고 본토를 공격하자 한니발에게 본토로 돌아와 로마군을 격퇴하라는 명령이 떨어졌다. 기원전 202년, 카르타고 자마에서 벌어진 전투에서 로마 장군 스키피오가 이끄는 로마군이 한니발의 카르타고군을 격퇴했다. 이제 카르타고가 전세를 뒤집을 힘은 더는 남아 있지 않았다. 카르타고는 항복하는 수밖에 없었다.

한니발이 선택한 알프스를 넘는 험난한 길은 카르타고군에게 기사회생의 승리를 가져다주었다. 그러나 로마라는 대국 앞에서

기적이 여러 번 되풀이되지는 않았다.

한니발이 비참하게 죽은 뒤 로마에 의해 멸망한 카르타고

한니발의 로마 침공으로 시작되어 자마 전투로 끝난 제2차 포에니 전쟁에서 패배한 카르타고는 로마의 까다로운 항복 조건을 받아들여야 했다. 카르타고는 자칫 나라를 잃을 뻔한 위기를 가까스로 면한 이후 다시 일어나 부흥에 성공했다.

당시 개혁을 추진하고 산업을 발전시켜 막대한 배상금을 모두 지불할 수 있게 이끈 인물 역시 한니발이었다. 그러나 그는 카르타고 내부 반대파에게 밀려 카르타고에서 추방당했다. 셀레우코스왕조 시리아로 망명한 한니발은 이국땅을 떠돌다 세상을 떠났다. 기원전 183년 또는 기원전 181년 무렵으로 전해진다. 한편 카르타고 본국도 두 번의 패전을 딛고 다시 일어나는 저력을 보였으나, 이러한 질긴 생명력에 위협을 느낀 로마가 제3차 포에니 전쟁을 일으켜 카르타고의 숨통을 완전히 끊어 놓았다. 이는 기원전 146년의 일이다.

카르타고는 여러 난관을 마주해서도 굴하지 않고 꿋꿋이 버텨냈다. 그러나 카르타고가 내딛은 길 끝에는 한니발이 택한 한겨울 알프스산맥처럼 가혹한 운명이 기다리고 있었다.

한니발이 로마로 진군한 길

이베리아반도에서 세력을 키운 한니발은 로마를 공격하기 위해 이탈리아로 향했다. 그러나 해안선을 따라 있는 도시는 로마의 지배를 받는 지역이었기에 내륙의 알프스산맥을 넘어 이탈리아로 침입했다.

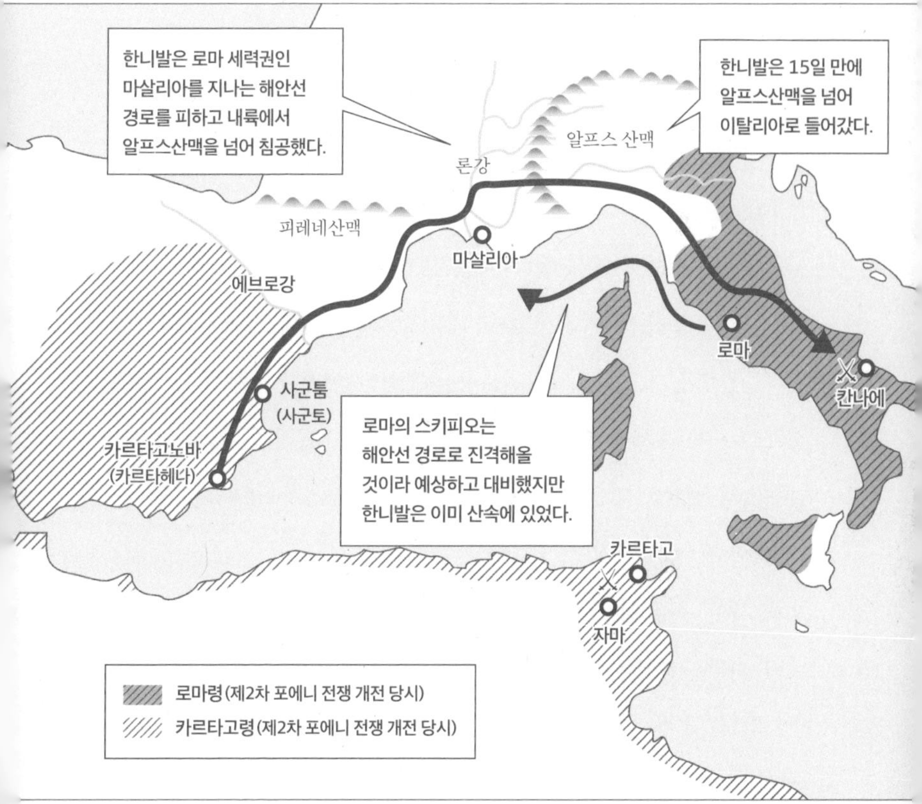

Road

07

로마제국을 번영의 길로 이끈 로마 가도

총 연장 30만 킬로미터의 로마 가도가 없었다면 위대한 제국 로마도 없었다

로마는 포에니 전쟁의 승리를 계기로 단숨에 지중해 패권을 장악했다. 이후 로마에서는 기원전 6세기 이후 유지해온 공화정 체제가 막을 내리고 제정 체제로 이행하는 과정이 진행된다. 이는 기원전 1세기에서 기원후 1세기 무렵의 상황으로, 이 과정에서 로마는 갈리아, 이집트, 시리아, 팔레스타인 등을 정복해 드넓은 영토를 획득했고, 로마인은 공전의 번영을 이룩한 제국의 시민이 되었다.

영원히 계속될 것만 같은 로마의 화려한 영광과 높은 위상을 든든하게 지지하고 뒷받침하는 데 있어 필수적인 역할을 한 것이 있다. 그게 뭘까? 그것은 바로 로마제국 영내에 그물망처럼 촘촘히 뻗은 '가도(街道)'다.

이탈리아반도의 도시국가 로마는 어떻게 브리타니아부터 북아프리카 연안 지역까지 지배하는 대제국이 되었나

로마는 초대 왕 로물루스가 이끄는 라틴인이 팔라티노 언덕에 터전을 마련하고 세운 국가로 전해지는데, 건국 원년은 기원전 753년이다. 이탈리아반도의 한 도시국가이던 로마는 이후 발전을 거듭하며 세력을 확장해 기원전 272년에 이탈리아반도를 통일했다. 그리고 제3차 포에니 전쟁에서 승리하며 카르타고를 멸망시킴으로써 지중해 제해권과 상업권을 거머쥐었다. 이는 기원전 146년의 일이다.

그 후 카이사르와 폼페이우스 등 뛰어난 장군의 활약으로 로마는 본격적인 영토 확장에 나섰으며 서기 117년 트라야누스 황제(Marcus Ulpius Trajanus, 재위 98~117) 시대에 최대 영토를 완성했다. 당시 로마제국의 영토는 브리타니아(오늘날의 영국)와 서유럽, 이베리아반도, 다키아(오늘날의 루마니아), 소아시아, 팔레스타인, 시리아, 이집트, 누비아(오늘날의 이집트 남부와 수단 북부) 등 북아프리카 연안 지역에까지 이르렀다.

로마가 지배한 이탈리아반도 이외 지역은 속주가 되었다. 속주의 다양한 특산물이 로마로 유입되면서 로마의 귀족은 물론 로마 시민은 풍요로운 생활을 만끽할 수 있었다. 로마 인구는 100만 명을 훌쩍 넘어섰고 3세기 무렵에는 시민의 휴일이 연간

200일에 달할 정도로 여유가 넘쳤다.

시민들은 콜로세움에서 검투사 시합을 관전하고 공중목욕탕에서 느긋하게 시간을 보냈으며 속주에서 들여온 풍부한 식자재를 활용한 호화로운 식사로 혀를 즐겁게 했다. 연회에는 진수성찬이 차려진 한편에 구토제도 준비되어 있었다. 먹은 음식을 토해낸 후 계속해서 더 많은 요리를 맛보라는 의미였다.

기원전 27년, 아우구스투스(Augustus, 재위 27 BC~14)가 초대 황제가 된 이후 200여 년간을 특별히 '팍스 로마나(Pax Romana, 로마의 평화)'라 부른다. 이는 강대국 로마가 안정적인 평화를 누리며 눈부신 번영을 이룩한 '로마의 황금시대'를 지칭하는 말이다.

총 연장 30만 킬로미터의 로마 가도가 대제국 로마를 지탱하다

"모든 길은 로마로 통한다."

이 말은 17세기 프랑스 시인 라퐁텐의 말이다. 그의 말처럼, 사방에서 로마로 이어지는 길 '로마 가도' 덕분에 로마는 번영할 수 있었다. 로마 영토 전역에 주요 간선도로만 해도 8만 5,000킬로미터 가까이 깔렸으며, 총연장 30만 킬로미터에 달하는 도로가 촘촘한 그물망처럼 뻗어 있었다.

본래 로마 가도를 정비한 목적은 군사적인 데 있었다. 따라서

공전의 번영을 구가한 로마제국의 중심지 포로 로마노

로마군은 도로 건설을 전문적으로 하는 공병대를 조직해 효율적으로 운영했다. 즉 로마군이 진군해서 어느 지역을 로마 영토로 편입한 즉시 그 지역과 로마를 잇는 길이 만들어졌다. 그래야 새로운 정복지에서 반란이 일어나더라도 군대가 신속하게 출동해 진압할 수 있기 때문이었다. 군사용 도로는 직선을 유지하는 것이 유리했기에 강에는 다리를 놓고 산에는 터널을 파서 길을 닦았다.

로마 공병대가 정비한 길을 좀 더 자세히 들여다보자. 길을 만들 때는 우선 지면을 1~1.5미터 정도 파낸 후 도로의 토대를 만드는 것으로 시작한다. 토대는 자갈을 30여 센티미터 두께로 촘촘하게 채워 강하게 다지고 그 위에 점토, 자갈, 돌멩이를 섞은 세계에서 가장 오래된 시멘트 층을 쌓아 만들었다.

이렇게 2층 구조를 다졌기에 무거운 전차가 지나가도 끄떡없는 튼튼함을 유지할 수 있었다. 이 위에 수많은 돌멩이를 활 모양으로 빽빽하게 깔고, 맨 위 도로 표면에는 큼직하고 평평한 돌을 깔아 울퉁불퉁한 요철을 없앴다.

전쟁이 없던 시절에는 군대가 수월하게 이동할 수 있도록 공병대가 먼저 길을 닦기도 했다. 이렇게 해두면 유사시에 신속하게 진군할 수 있는 것은 물론 병사들에게 일거리를 마련해주어 병사들이 반란을 일으킬 틈을 애초에 차단할 수도 있었다.

로마 가도는 속주에서 로마에 바치는 공물을 운반하는 길이기

로마 가도와 주요 해로

로마 가도가 상업이나 정보 전달에도 두루 이용됨으로써 문물이 활발하게 왕래한 로마제국은 공전의 번영을 이룩할 수 있었다.

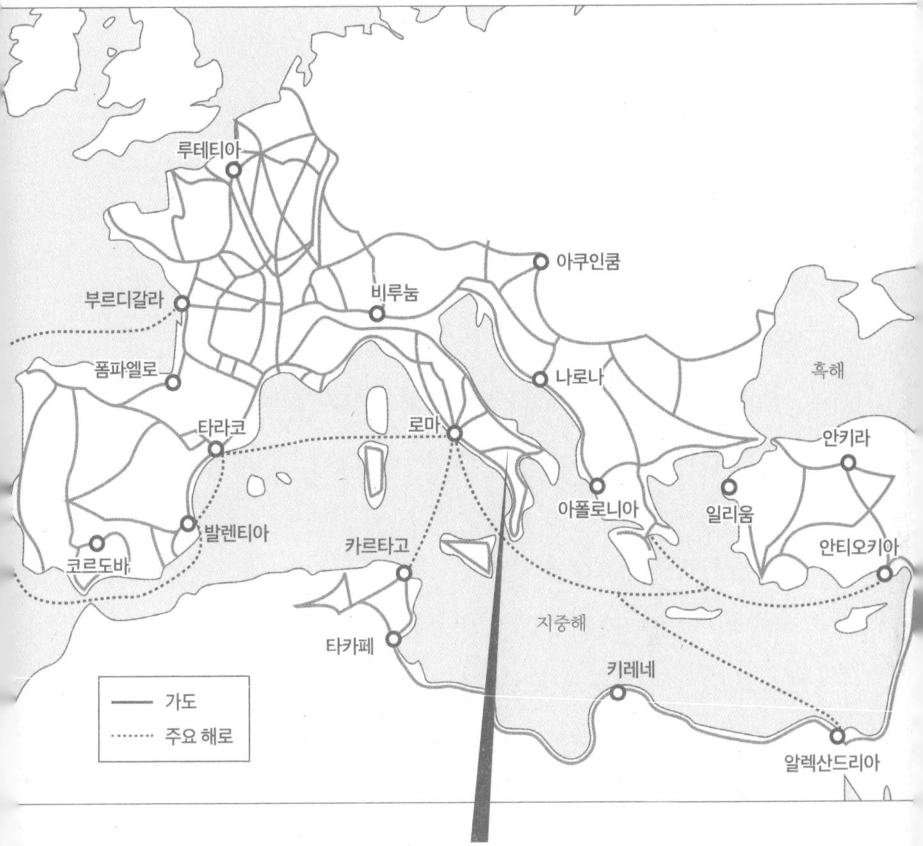

로마 가도를 대표하는 '아피아 가도'

도 했다. 또 상인의 왕래가 활발해짐에 따라 무역로 역할도 겸했다. 아프리카의 상아와 아라비아의 침향, 인도의 후추 등 진귀한 향신료와 보석, 면직물, 중국의 생사와 실크 제품이 로마 가도를 거쳐 로마로 들어왔다. 로마에서는 와인, 속주인 이스파니아(이베리아반도)에서 생산된 납과 주석, 이집트의 아마포, 지중해의 산호 등을 로마 가도를 통해 내보냈다.

로마 가도를 따라 각지에서 로마로 사람들이 모여드는 가운데 정보 교환이 활발해질 수밖에 없었다. 로마가 광대한 영토를 장기간에 걸쳐 지배할 수 있었던 요인 중에는 이러한 정보 전달 구조 또한 커다란 역할을 했다.

로마제국에 눈부신 번영을 안겨준 로마 가도가 로마를 쇠락의 길로 몰고 가다

차오른 달은 이지러지기 마련. 로마제국이 승승장구하며 번성함에 따라 주변 민족 또한 함께 성장하며 점차 세력을 키워나갔다. 그 결과 로마의 쇠퇴가 시작되었다. 광대한 영토를 다스리려면 항상 영내를 감시하고 진압할 힘이 필요하다.

말하자면 강력한 군사력과 속주를 다스리기 위한 많은 인원을 동원할 수 있어야 하고 이런 국력을 유지하려면 막대한 비용을 쏟아부어야 했다. 영토를 확장하는 동안에는 새로운 속주가 계속 추가되면서 커다란 부를 획득할 수 있었다. 그러나 제국의 영토가 점점 축소되었고 그로 인해 속주에게서 받아들이는 세금과 공물의 양도 줄어들었다.

대세가 크게 바뀌고 있는데도 로마인은 사치와 향락을 멈추지 않았다. 특히 중국의 비단 제품을 들여오느라 로마의 부가 엄청나게 흘러나갔다. 게다가 중국이 비단 다루는 기술을 철저하게 비밀로 했기 때문에 당시 비단의 가치는 금과 맞먹는 수준이었다. 로마에서는 중국산 비단을 귀하게 여겼다. 비단을 수입하는 대가로 막대한 양의 금이 유출되었고 국가 재원은 바닥을 드러내고 말았다.

로마 가도는 광활한 영토를 획득하고 관리하고자 형성된 길이다. 그 길은 로마제국에게 눈부신 번영을 안겨준 탄탄대로이기도 했고 로마제국을 덧없는 영화에 빠뜨린 '쇠락의 길'이기도 했다.

로마 가도를 대표하는 '아피아 가도'

Road

08

세계 종교사와 세계사를 바꾼 사도 바울의 전도 여행길

그리스·소아시아·로마로 이어지는 장장 4,000킬로미터의 위대한 포교의 길

제정 로마 시대, 팔레스타인 지방에서 새로운 종교가 첫울음을 터트렸다. '그리스도교'라고 불린 그 종교는 로마를 장악한 이후 사회와 역사 속으로 빠르게 세력을 넓혀 나갔다. 이러한 그리스도교의 성장과 확산은 사도 바울(Paul the Apostle, c. 5~c. 64/65)이 전도 여행을 떠나 유럽에 새긴 첫걸음에서 시작했다고 할 수 있다.

유대교는 엄격한 율법을 고수하는 종교다. 또 유대인은 신에게 선택받은 유일한 민족이라는 선민사상, 민족적 우월감을 굳게 믿으며 살아간다. 그런데 유대교의 한 일파로 성립된 이후 구원의 대상을 전 세계인으로 확장한 종교가 있다. 바로 그리스도교다.

그리스도교를 박해하던 사울은 왜 이름을 바울로 바꾸고 그리스도교를 전파하는 일에 모든 것을 바쳤을까

그리스도교의 창시자로 알려진 예수는 '유대교 개혁자'에 가깝다. 예수는 기원전 4년 무렵 태어나 서른 살쯤 되었을 때 요르단강에서 세례를 받고 40일 동안 단식한 이후 포교 활동을 시작했다.

예수의 주요 개혁을 살펴보자.

유대교에서는 율법을 엄격히 지켜야 하는 의무를 강조하며 병자 등 율법을 지킬 수 없는 사람은 죄인으로 여겼다. 유대교 신자가 아닌 모든 이교도는 부정한 사람이라며 꺼림칙하게 받아들였기에 때로 심하게 박해하기도 했다.

이와 달리 예수는 병자든 죄인이든, 유대교를 믿지 않는 이교도든 온 마음을 다해 하느님을 믿으면 구원받을 수 있다며 약자를 구제하는 가르침을 전파했다. 예수의 가르침은 당시 가난에 허덕이던 백성과 유대 사회에서 박해받던 사람들 사이에 급속히 퍼져 나갔고 예수는 '구세주'로 추앙받았다.

율법을 엄격히 고수하는 유대교도는 이러한 예수의 가르침을 당연히 마뜩잖아했다. 그들이 생각하는 올바른 삶이란 정해진 계율을 따르는 삶이었다. 유대교도의 반발이 이어지자 당시 그 지역을 속주로 다스리던 로마 총독은 예수를 처형해달라는 유대교도의 요구를 받아들였다. 결국 예수는 십자가에 매달려 처형당했다. 그러나 사흘 후 예수는 부활했고 40일 동안 지상에 머물며 제자들에게 가르침을 전파한 후에 하늘로 돌아갔다.

유대교도는 지도자를 잃은 그리스도교 신자를 더욱 심하게 박해했다. 독실한 유대교 신자 바울은 율법 준수를 특히 강조하던 바리새인으로 그리스도교 박해에 적극적으로 가담했다. 그러던 어느 날, 그리스도교를 박해하기 위해 나선 길에서 그는 예수의 환영을 마주한 후 예수야말로 진정한 구세주라는 것을 실감했다. 바울은 그리스도교로 개종했으며 히브리어 이름 '사울'을 로마어 이름 '바울'로 바꾸고 남은 생애를 모두 바쳐 그리스도교를 세계 종교로 발전시키는 선교에 힘썼다.

바울이 없었다면 오늘날 세계 최대 종교 그리스도교도 없었다?

바울은 예수의 가르침에 따라 많은 사람에게 그리스도교를 전파하겠다고 결심했다. 그래서 안티오키아(안디옥) 교회를 거점으로 열정적으로 선교 활동을 펼쳤다.

바울이 개종할 당시 그리스도교는 아직 유대교의 율법을 전제로 깔고 있었기에 그런 의미에서 유대교의 일파에 불과했다. 그

바티칸 산피에트로 대성당 앞에 서 있는 사도 바울상

러나 그러한 율법을 문화가 다른 사람에게 무작정 강제하는 것은 어려운 일이었다. 바울은 예루살렘 교회 지도자에게서 유대교도의 의무인 할례(남성의 음경 포피를 제거하는 의식)를 생략해도 좋다는 허락을 받아낸 후 그리스도의 가르침을 더욱 널리 퍼뜨렸다.

바울의 전도 여행은 크게 세 차례로 정리된다. 첫 번째는 서기 47년 소아시아를 중심으로 한 선교다. 안티오키아를 출발한 바울은 키프로스섬을 거쳐 페르게(오늘날의 튀르키예 지방)에 상륙했다. 그리고 북동 방향으로 이동하며 리스트라, 데르베에 이르렀다. 이 여행 중에 바울은 전도를 방해하던 마술사이자 거짓 선지자인 바예수를 준엄하게 꾸짖으며 한동안 눈이 멀게 해 사람들에게 감명을 주었다.

> "기만과 죄악으로 가득 찬 이 악마의 자식아, 너는 나쁜 짓만 골라가면서 하는 악당이다. 언제까지 너는 주님의 길을 훼방할 셈이냐? 이제 주님께서 손으로 너를 내리치실 것이다. 그러면 너는 눈이 멀어 한동안 햇빛을 보지 못하게 될 것이다." 하고 꾸짖었다. 이 말이 떨어지자 안개와 어둠이 내리덮쳐 그는 앞을 더듬으며 손을 잡아줄 사람을 찾았다. (사도행전 13장 10~11절)

또 바울은 병자를 치유하는 기적을 일으켜 보임으로써 신뢰를 얻어 그 지역 사람들의 개종을 촉구했다고 알려졌다.

바울의 두 번째 전도 여행은 서기 49년 늦가을에 소아시아에서 출발해 서쪽으로 이동하며 유럽의 마케도니아까지 이어졌다. 그리스도의 가르침이 처음 유럽으로 건너간 순간이었다.

이때는 첫 번째 여행과 달리 육로로 이동했다. 소아시아의 데르베, 리스트라를 거쳐 서쪽으로 계속 나아가 에게해 연안 도시 트로아스에 당도했다. 그리고 바다를 건너 마케도니아의 제1 도시 필리피에 도착했다. 바울은 거기서 멈추지 않고 필리피에서 다시 북쪽의 그리스 상업 도시 테살로니키로 들어갔다.

테살로니키를 거쳐 그리스로 입국한 후에는 아테네로 방향을 잡았다. 아테네에는 올림포스 신들을 섬기는 신앙이 여전히 짙게 남아 있었고 합리성을 중시하는 철학도 발전했다. 그리스 사람들은 처음에는 신기해하며 바울의 설교에 귀를 기울였으나 그리스도의 부활 이야기에는 고개를 갸웃거리며 회의적인 반응을 보였다. 아테네를 떠난 바울은 상업 도시 코린트로 가서 1년 반 동안 머문 후 귀환했다.

세 번째 전도 여행에서 바울은 안티오키아를 출발해 소아시아의 에페수스를 거쳐 트로아스, 필리피, 베레아를 지나며 코린트로 갔다가 그 경로를 되돌아 예루살렘으로 돌아왔다. 그러나 여행에서 돌아온 후 얼마 되지 않아 바울은 유대교의 심기를 거슬러 체포되고 말았다. 바울은 자신의 무죄를 적극적으로 해명했

바울의 전도 여행

바울은 세 번에 걸친 전도 여행을 통해 소아시아와 유럽에 그리스도교를 전파했다.
이로써 유대교의 일파에 불과하던 그리스도교가 세계 종교로 확장되는 계기를 맞이했다.

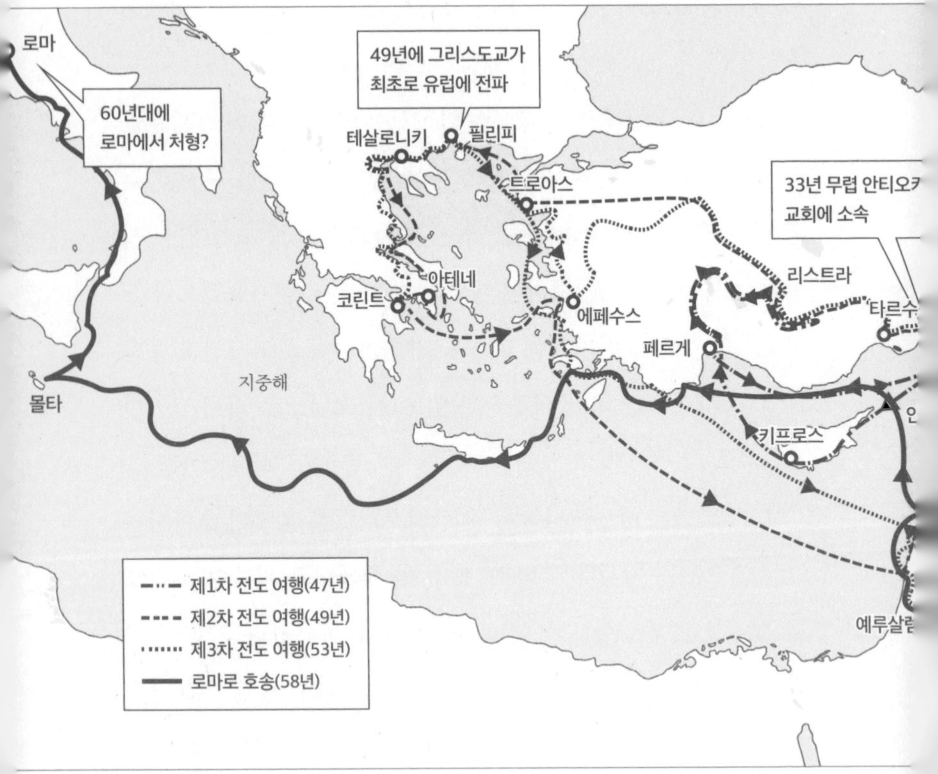

으나 받아들여지지 않자 자신의 로마 시민권을 이용해 로마로 가서 재판을 받겠다고 주장했다. 그는 전도 의지를 꺾지 않고 로마로 건너갔다. 그리고 수년간 선교한 후에 소식이 끊어졌다. 사도 바울의 죽음과 관련해서는 그가 박해를 받다 처형당했다는 설 등이 전한다.

팔레스타인 지방에서 탄생한 그리스도교가 세계 종교로 발돋움하기 위해서는 유럽으로의 전파가 필수였다. 그리스도의 가르침을 유럽에 처음 전한 바울의 전도 여행이 없었더라면 그리스도교는 유대교의 일파에 머무르다 사라졌을 수 있다. 사도 바울이 그리스도의 가르침을 설파한 총 길이 4,000킬로미터에 달하는 길 위에서 그리스도교 교의가 점차 변화하면서 세계 종교로 향하는 문이 활짝 열린 것이다.

Road
09
실크로드를 따라 퍼져 나간 불교 전래의 길
붓다의 가르침을 전파하기 위해 아시아를 종횡무진 누빈 붓다의 제자들

바울의 길고 긴 전도 여행으로 유럽 세계에 침투한 종교가 그리스도교였다면 아시아 세계에 침투한 종교는 불교였다. 불교의 확산 역시 창시자인 석가모니와 그의 제자, 나아가 가르침을 계승한 승려의 전도로 이루어진 성과였다.

수 세기에 걸쳐 인도에서 중앙아시아, 동남아시아, 동아시아로 퍼져 나간 석가모니의 가르침은 과연 어떠한 경로를 거쳤을까?

석가모니 사후 지속된 불교 교단의 분열

불교의 창시자는 기원전 5세기 무렵 인도 석가족의 왕자로 태어난 싯다르타(Siddhārtha Gautama, c. 480~c. 400 BC)다. 싯다르타는 서른다섯 살에 이 세상 모든 고통에서 벗어날 수 있는 깨달음에 도달했다고 전해진다. 이후 '깨달음을 얻은 자'라는 의미로 '붓다(부처)', '석가족 출신 성자'라는 의미로 '석가모니' 등으로 불리게 되었다. 석가모니는 여든 살에 열반할 때까지 인도 북부를 흐르는 갠지스강 중류 지역 이곳저곳을 옮겨 다니며 가르침을 전했다. 석가모니가 열반하자 제자들은 스승의 가르침을 경전으로 정리해야 할 필요가 있다고 여겼다. 그래서 석가모니의 가르침을 암송하고 집대성해서 불경을 편찬하는 모임인 결집(結集)이 몇 차례에 걸쳐 이루어졌다.

석가모니 입멸 후 100여 년이 지나자 계율 해석을 둘러싸고 심각한 의견 차이가 생겨났다. 이를 해결하고자 승려 700명이 모여 8개월 동안 '2차 결집'을 개최했는데, 그 결과 본래 전통과 계율을 엄격하게 고수하자는 상좌부(上座部)와 시대 변화에 따라 계율 적용에 있어서도 유연성과 보편성을 중시하자는 대중부(大衆部)로 분열되었다. 불교 교단은 최초의 분열 이후 다시 분열을 거듭해 석가모니 입멸 후 300여 년이 지났을 때는 상좌부와 대중부에서 20부파가 갈라져 나온 부파불교 시대가 시작되었다. 여러 부파가 경쟁하면서 수행자의 깨달음과 경전이나 교의 연구에만 몰두하게 되자 불교는 민중 생활과 유리된 채 어려워졌다. 기원 전후에 이르러, 수행과 학문에 천착하는 부파불교에 반발해 민중의 고통과 아픔을 어루만지며 문제를 해결해준 석가모니의 본래 정신을 되살려 쉬운 불교, 현실적이고 실생활에 도움이 되는 불교로 개혁하자는 움직임이 나타났다. 이렇게 부파불교의 문제점을 지적하고 비판하면서 탄생한 것이 '대승불교'다. 그리고 부파불교를 폄하해 '소승불교'라 부르게 되었다.

대승불교를 수용한 이들 중 실크로드 무역에 종사하는 상인이 많았던 까닭은?

수많은 종파로 나뉜 불교를 인도 전역은 물론 인도 밖으로 퍼뜨린 동력은 무엇이었을까? 바로 승려들의 부지런한 다리였다. 주요 전래 길은 동남아시아 방면으로 가는 '남전 경로'와 중앙아시아에서 중국, 한국, 일본으로 전해진 '북전 경로', 크게 두 갈래로 볼 수 있다.

남전 경로의 발단은 기원전 4세기 말 북인도에서 일어난 마가다국 마우리아왕조였다. 기원전 3세기, 마우리아왕조의 아소카왕(Asoka the Great, 재위 c. 268~c. 232 BC)은 칼링가를 정복하고 북인도와 중부 인도의 지배자가 되었다. 이를 계기로 아소카 왕은 불교 보호 정책을 적극적으로 펼쳤다. 아소카 왕의 지원으로 불경 편찬이 추진되고 승려가 각지에 파견되어 포교 활동에 나선 결과

불교는 인도 전역뿐 아니라 실론(스리랑카) 지방으로 퍼져 나갔다.

불교가 동남아시아로 전래된 때는 언제였을까? 5세기부터로 본다. 실론과 인도를 거쳐 동남아시아로 들어간 불교는 미얀마, 타이, 캄보디아, 라오스 등으로 확산되었다. 당시에는 대승불교와 함께 전해져 대승불교를 믿는 신자도 많았다. 그러나 중세에 접어들며 미얀마에서는 11세기 미얀마 최초의 통일왕조인 바간왕조의 아노우라타 왕(Anawrahta, 재위 1044~1077), 타이에서는 13세기 수코타이왕조의 람캄행 왕(Ram Khamhaeng, 재위 1279~1298)이 상좌부불교(소승불교)를 공인해 지배자의 간택을 받은 신앙이 주류가 되었다.

이처럼 동남아시아에서는 대승불교가 버려지고 주로 상좌부불교가 자리 잡았다. 상좌부불교에서는 부처가 스스로 수행해 깨달음에 도달했듯이 불교도 각자 수행에 집중해 깨달음을 추구하는 것을 목표로 삼는다.

한편 북전 경로는 2세기부터 움직임이 나타났다. 인도에서는 기원전 2세기 무렵 마우리아왕조가 무너지고 쿠샨왕조가 일어났다. 서기 2세기에 왕위에 오른 쿠샨왕조의 카니슈카 왕(Kaniṣka, 재위 c. 127~150)이 불교를 비호하던 시기에 불교학자 나가르주나(Nāgārjuna, 용수(龍樹))가 등장해 대승불교의 체계를 정리함으로써 교리가 한층 심오해졌다.

상좌부불교가 수행자 개인 수행에 중점을 두는 데 비해 대승

불교 전래의 길

인도 북동부에서 탄생한 불교는 실론과 중앙아시아로 전파되었다.
초기 불교는 상좌부불교와 대승불교로 분열되어 주변국으로 퍼져 나갔다.

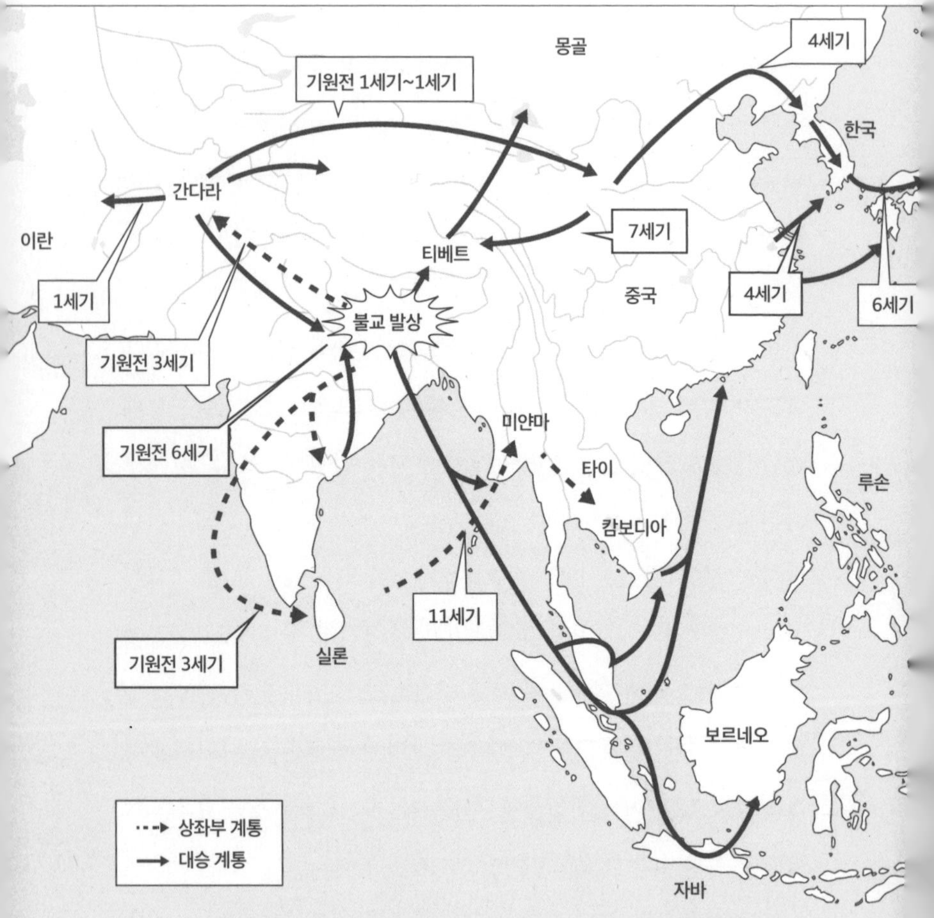

불교는 불교가 주도하는 '민중 구제'라는 목적을 추가했다. '대승(大乘)'이라는 말 자체가 '모두가 탈 수 있는 커다란 탈것'이라는 뜻이다.

대승불교에서는 불상을 숭배해 각지에서 불상 제작이 활발해졌다. 북인도 간다라에서 제작한 불상을 대표적으로 꼽을 수 있는데, 간다라 불상은 그리스 문화의 영향으로 서구적 풍모가 반영되어 있다.

또한 대승불교를 수용한 이들 가운데는 실크로드 무역에 종사하는 상인이 많았다. 원거리 무역을 하는 상인에게 종교와 신앙은 자신을 갈고닦아 해탈을 추구하는 데 그 목적이 있기보다는 먼 지역을 오가는 여행이 안전하기를, 부를 획득해 풍요롭기를 바라는 데 있었다. 즉 직접적이고 세속적인 구제와 보호, 이익을 비는 기복적행위가 중심을 이루었다.

상인의 소망과 대승불교가 제대로 결합한 결과 무역로 곳곳에 대승불교 승려가 기거하는 사원이 세워졌다. 이처럼 대승불교는 실크로드를 따라 인도에서 중앙아시아와 중국, 몽골, 한국을 거쳐 일본에까지 전해졌다.

인도를 출발한 불교는 남쪽과 북쪽 두 갈래 길로 나아가 아시아 구석구석까지 깊숙이 스며들어 오늘날에도 영향을 미치고 있다.

Road
10

동서 무역과 교류를 위한 튼튼한 혈관, 실크로드

혈관이 없으면 피가 몸속을 흐를 수 없듯 이 길이 없었다면 동서 교류도 없었다

불교는 실크로드를 타고 동아시아로 전해졌다. 실크로드는 그저 물건이 오가는 길이 아니었다. 중국·인도·오리엔트와 유라시아 대륙 각지에서 발전한 '문명권'을 연결하는 중요한 역할을 한 것이 바로 실크로드다.

의외의 실크로드 개척자, 전한 관료 장건

'실크로드'라는 단어는 19세기에 활동한 독일 지리학자 페르디난트 폰 리히트호펜이 처음 사용했다고 알려져 있다. 리히트호펜이 중국 본토와 티베트 지질 연구 이후 펴낸 저서 『중국: 여행과 연구 결과에 바탕한 이론(China: Ergebnisse eigner Reisen und darauf gegründeter Studien)』(1877)에서 언급한 독일어 'Seidenstraßen'이 영어로 번역되며 '실크로드(Silk Road(s))'라는 단어가 널리 알려졌다. 이때 리히트호펜이 정의한 실크로드는 중국 당나라 수도 장안에서 중앙아시아의 사마르칸트(오늘날의 우즈베키스탄)에 이르는 길과 누란(樓蘭)을 거쳐 박트라(오늘날의 아프가니스탄 북부)에 이르는 두 갈래 길을 가리킨다. 현재 흔히 일컫는 실크로드는 리히트호펜의 정의와 다소 차이가 있으며 아시아와 유럽(북아프리카를 포함)을 잇는 동서 무역로를 아울러 가리키는 의미로 사용된다.

동서 무역로를 특히 '실크로드'라고 명명한 것은 당시 그 길을 통해 운반된 무역품 가운데 값비싼 중국산 비단이 가장 중요한 상품이었기 때문이다.

일반적으로 대표적인 실크로드 경로를 '오아시스길', '초원길', '바닷길'의 세 갈래로 나누는데, 이들 경로가 확립되기 이전에도 이미 중국과 중앙아시아를 잇는 길이 존재했다. '프리(pre) 실크로드'라고 할 수 있는 이 길은 전한(前漢)의 관료 장건(張騫)이 개척했다.

기원전 2세기, 중국 영내로 침입해 오는 기마민족인 흉노로 골머리를 앓던 전한의 무제(武帝, 재위 141~87 BC)는 서역의 대월지국과 손을 잡고 흉노를 협공하려고 했다. 그때 동맹을 체결하기 위해 보낸 사절이 장건이었다. 그런데 장건은 여행 도중 흉노에게

세 갈래 실크로드

비단 무역에서 유래한 실크로드는 중앙부의 오아시스길이지만 동서 무역로는 초원지대와 해상에도 존재했다.

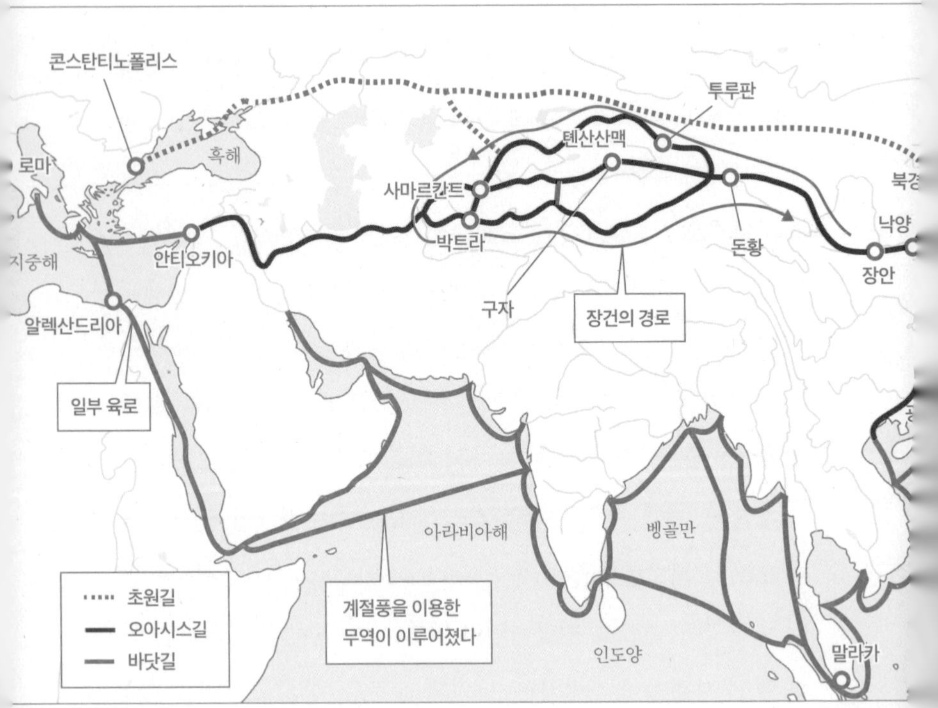

잡히고 말았다. 장건은 십 년 넘게 포로로 잡혀 있었음에도 끝까지 자신의 임무를 잊지 않았다. 틈을 보아 도망친 장건은 사명을 완수하기 위해 대월지국으로 발길을 재촉했다.

장건이 목숨을 걸고 노력했음에도 한나라와 대월지국의 동맹은 이루어지지 못했다. 가까스로 돌아온 장건은 무제에게 서역에는 한혈마(汗血馬, 경주마인 서러브레드의 원형으로 알려진 아랍계 명마)와 벼, 보리, 포도 등이 풍부하며 중국산 비단과 대나무를 상당히 비싼 값으로 사들이는 사람들이 많다고 보고했다. 장건이 직접 전한 정보를 바탕으로 무제는 서역을 지배할 계획을 세우고 정벌을 결심했다. 오아시스길의 원형은 이렇게 만들어졌다.

세 가지 실크로드 중 왜 '오아시스길'이 가장 유명할까?

실크로드의 세 갈래 경로 중 가장 유명한 '오아시스길'은 전한의 무제가 개척한 '서역길'을 바탕으로 각지의 오아시스를 연결하는 경로다. 장안, 즉 오늘날의 시안에서 간쑤 지방 오아시스를 지나 돈황(둔황)에 이르면 이 길은 다시 서역북도와 서역남도, 톈산북로 세 갈래로 갈라진다.

가장 오래된 길 서역남도는 둔황에서 아얼진산맥과 쿤룬산맥 북쪽 기슭을 따라 타클라마칸 사막 남쪽 오아시스를 통과해 파미르 고원에 이른다.

톈산북로는 돈황에서 투루판을 지나 우루무치에 도착해 일리강 유역에 이른다. 대상들은 주로 이 길을 따라갔으며 4세기 전반까지 사용되었다. 서역북도는 돈황에서 누란을 거쳐 톈산산맥 남쪽 기슭을 따라 구자로 들어가는 경로다.

이들 세 갈래 길은 박트라와 사마르칸트에서 합류해 시리아의 안티오키아에 다다르고, 비잔틴제국의 수도 콘스탄티노폴리스(오늘날의 튀르키예 이스탄불)나 바닷길을 따라 로마와 연결되었다.

실크로드 동쪽 끝은 장안뿐 아니라 낙양(뤄양), 더 나아가 바다 건너 일본이라는 설이 있다. 또 서쪽 끝은 안티오키아, 로마로 보기도 하는 등 실크로드가 어디서 시작해서 어디서 끝나는지를 두고 확실한 정의는 이루어지지 않았다.

오아시스길은 기원전 1세기에 이미 존재했다고 알려져 있지만 동서가 활발히 교류한 것은 5세기 이후의 일로 보인다.

오아시스길 여행은 대상을 조직해 이루어졌다. '카라반'이라고 부르는 대상은 낙타 등의 동물에 짐을 싣고 이동하는 상인 집단이다. 규모는 열 명에서 수백 명 단위까지 다양했는데, 사막을 가로지르며 오아시스를 전전하는 여행길은 무척 힘겨웠고 도중에 도적에게 습격을 받는 일도 잦았기 때문에 집단을 이루어 이동하는 게 안전했다.

실크로드의 요충지 돈황(둔황)은 불경 번역의 거점으로 동서 교류의 중요한 무대가 되었다.

스카타이족 · 흉노족 등 기마민족이 주로 이용한
가장 오래된 실크로드, '초원길'

오아시스길보다 북쪽에 자리한 길이 '초원길'이다. 유라시아 대륙의 스텝지대(몽골과 카자흐스탄의 초원지대)를 통과하는 길로 문헌에 등장하는 길로는 오아시스길보다 오래되었다. 초원길은 중가르 분지나 카자흐 고원을 거쳐 흑해에 이른다. 이 경로는 기마민족인 스키타이인과 흉노, 정령(丁零), 동호(東胡) 등의 민족이 주로 이용했다. 그리스 상인이 이 길을 오가던 스키타이인에게서 담비 털가죽을 입수했다는 기록이 남아 있다.

초원길은 초원을 속속들이 아는 기마민족이기 때문에 이용할 수 있는 길이었다.

8세기 이후, 비단을 거래하는 아라비아 상인 덕분에
동서 무역의 주요 경로로 자리 잡은 '바닷길'

실크로드 세 갈래 길 중 가장 나중에 열린 길이 '바닷길'이다. 온주(원저우), 천주(취안저우), 광주(광저우) 등 중국 남부 도시에서 인도차이나반도, 수마트라, 말레이, 인도양, 아라비아해를 거쳐 홍해에 이른다. 바닷길은 항해 기술이 발달하지 못한 시대에 가장 큰 위험이 도사린 '길'이었기에 개개의 무역권이 독립해서 존재했다.

2세기에 중국으로 건너간 로마 황제 마르쿠스 아우렐리우스 안토니우스(Marcus Aurelius Antoninus, 재위 161~180)의 사자는 이 바닷길을 이용해 일남(日南, 베트남)까지 갔는데, 이렇게 성공적으로 목적지에 도달한 예는 극히 드물었다.

마침내 8세기 이후, 아라비아 상인이 비단을 찾아 적극적으로 중국까지 진출하면서 바닷길이 동서 무역의 주요 경로로 자리 잡았다. 바닷길은 대량의 물자 운반에 적합해 조선과 항해 기술이 점점 발달함에 따라 더욱 활발히 이용되었다. 바닷길을 활용한 동서의 일체화는 신항로 개척시대 훨씬 이전에 시작된 것이다.

실크로드에 접해 있어 동서 문명의 교차점으로 일컬어지는 이스탄불

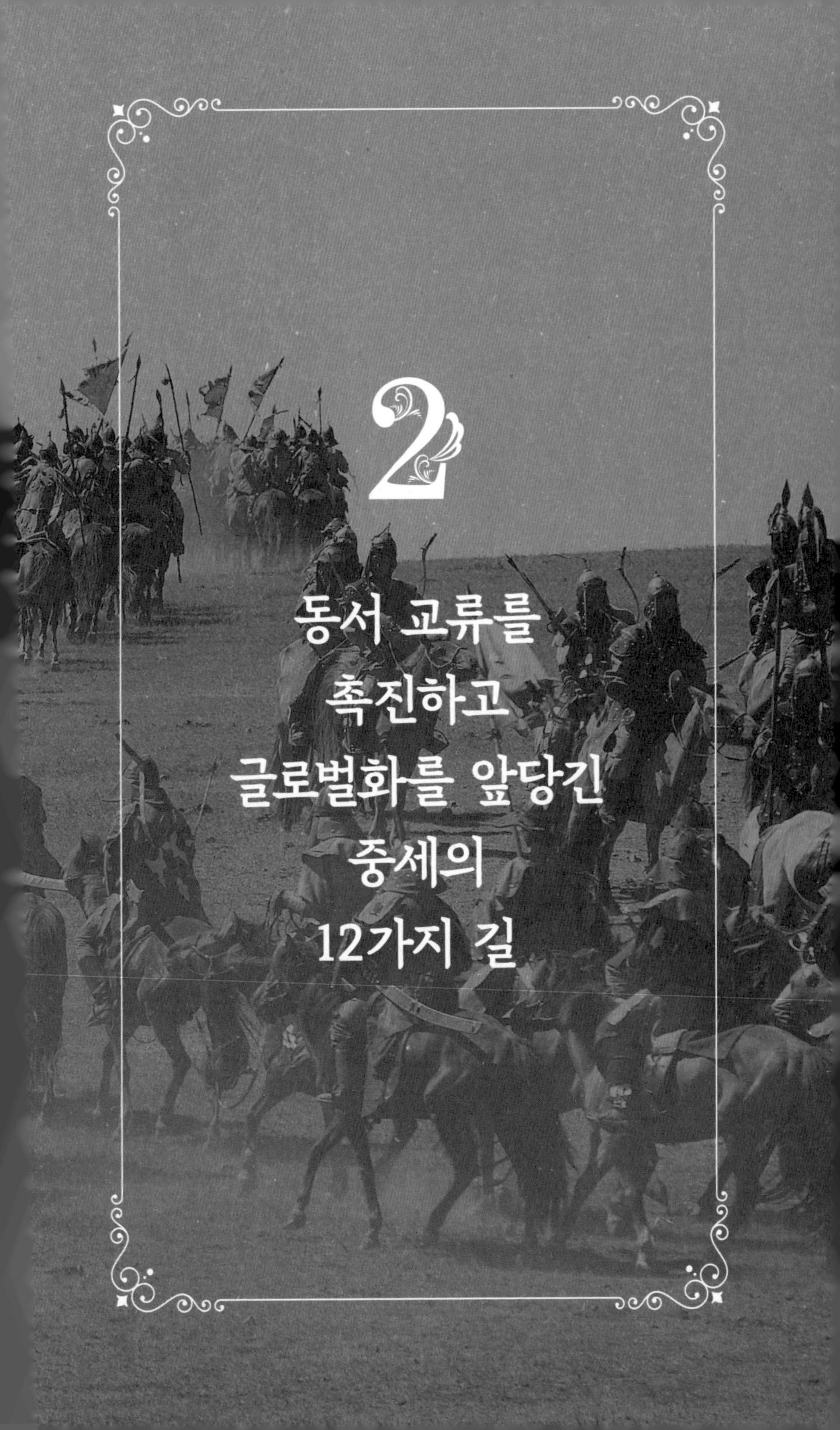

2

동서 교류를 촉진하고 글로벌화를 앞당긴 중세의 12가지 길

589년	서고트왕국(☞ p. 110)이 가톨릭을 공인하다.
605년	수(隋) 양제가 대운하 개통의 첫 삽을 뜨다. ☞ p. 138
610년경	무함마드가 이슬람교를 창시하다.
618년	당(唐)이 중국을 통일하다.
622년	무함마드가 메카에서 메디나로 이주하다(헤지라). ☞ p. 128
645년	현장 스님이 인도에서 당나라로 귀환, 당 태종이 여행기 편찬을 명하다. ☞ p. 150
661년	정통 칼리파 알리가 암살당해 무아위야가 우마이야왕조를 열다.
690년	당 고종의 황후 무후가 즉위해 측천무후가 되어 국호를 주(周)로 삼다.
711년	우마이야왕조가 서고트왕국을 멸망시키다.
726년	비잔틴제국의 레오 3세가 성상 금지령을 내리다.
732년	프랑크왕국의 샤를 마르텔이 투르·푸아티에 전투에서 우마이야왕조를 격파하다.
751년	당의 고선지가 중앙아시아로 원정을 떠났으나 탈라스강 가에서 아바스왕조에 패하다. ☞ p. 144 프랑크왕국에서 카롤링거왕조가 성립하다.
756년	프랑크왕국의 페팽 3세가 라벤나를 교황에게 바치다.
786년	하룬 알라시드가 칼리파가 되어 아바스왕조 최전성기를 맞이하다.
793년	노르만인이 린디스판 수도원을 습격하다. ☞ p. 158
800년	프랑크왕국의 샤를마뉴가 서로마 황제로 즉위하다(카롤루스 대제). ☞ p. 120
907년	주전충이 당을 멸망시키고 후량(後梁)을 건국, 이후 오대십국(五代十國) 시대로 돌입하다.
911년	노르만인의 수장 롤로가 노르망디공으로 책봉되다.

960년	조광윤이 송(宋)을 건국하다.
962년	오토 1세가 로마 교황에게 황제의 관을 받아 신성로마제국이 성립하다.
987년	서프랑크왕국에서 카롤링거왕조의 대가 끊기고 위그 카페가 카페왕조를 열다.
1066년	노르망디공 윌리엄(기욤)이 헤이스팅스 전투에서 승리하다.
1077년	하인리히 4세가 카노사에서 교황 그레고리우스 7세에게 용서를 빌다(카노사의 굴욕).
1099년	제1차 십자군이 예루살렘왕국을 건국하다. ☞ p. 166
1154년	프랑스의 앙주 백작 앙리가 잉글랜드 왕 헨리 2세로 즉위하다.
1187년	살라흐 앗딘이 예루살렘을 탈환하다.
1192년	리처드 1세가 십자군 귀로에서 포로로 잡히다. ☞ p. 176
1206년	칭기즈칸이 몽골을 통일하다. ☞ p. 194
1337년	영국과 프랑스가 백년전쟁을 시작하다.
1346년	유럽에서 페스트 대유행이 시작되다. ☞ p. 186
1368년	주원장이 명(明)을 건국하다(수도 남경).
1389년	오스만제국이 코소보 전투에서 세르비아·보스니아·왈라키아 연합군에 승리하다.
1399년	명에서 연왕 주체가 봉기하다(정난의 변).
1402년	티무르가 앙카라 전투에서 오스만제국을 무찌르고 바예지드 1세를 포로로 잡다.
1405년	명에서 정화가 제1차 남해 원정을 시작하다(1433년까지 총 7차). ☞ p. 202
1453년	오스만제국이 콘스탄티노폴리스를 함락해 비잔틴제국이 멸망하다. 영국과 프랑스의 백년전쟁이 종결되다.

Road

11

서로마제국 멸망을 불러온 게르만 민족 대이동의 길

'1000년 제국'을 무너뜨리고 중세로 가는 길을 열다

영원할 것만 같던 로마제국의 영광도 결국 그 빛이 사그라드는 때를 맞이했다. 포에니 전쟁이 끝난 이후부터 600여 년이라는 기나긴 세월 동안 지중해 세계를 지배하고 드넓은 영토 곳곳으로 문화를 전파하며 세력을 떨친 로마제국에 종말의 순간이 찾아온 것이다. 흑해 북쪽에 살던 서고트족이 중앙아시아의 유목 민족인 훈족에게 밀려 남쪽으로 내려오면서 로마 영내를 침입한 것은 376년의 일이다. 이렇게 시작된 게르만 민족의 대이동으로 서로마제국이 붕괴하고 게르만 민족이 세운 국가가 서유럽에 난립하는 상태로 빠져들었다. 역할을 다한 로마제국은 역사의 뒤안길로 사라지고 유럽에는 중세로 가는 길이 열렸다.

서유럽을 혼란의 소용돌이에 휘말리게 한 '수수께끼 유목민' 훈족의 침입

게르만 민족은 기원전 1000년대 스칸디나비아반도 남부, 유틀란트반도 및 독일 북부에 거주하던 사람들이다. 그들은 왕이나 우두머리 여러 명이 이끄는 크고 작은 수십 개 부족 체제인 키비타스(Civitas)를 구성하고 농경과 목축으로 생활을 꾸려갔다. 게르만 민족은 인구가 점차 늘어남에 따라 농지를 찾아 남쪽으로 내려오면서 선주민인 켈트인을 압박했다.

기원 전후까지 게르만 민족은 라인강 우안과 도나우강 유역, 흑해 북안에 이르는 드넓은 지역에 거주했으며 기원전 1세기 중반 무렵에는 오늘날의 프랑스에 해당하는 갈리아 지방에 도달했다. 로마제국 접경지대까지 거주지를 확대한 게르만인은 일부는 용병으로, 일부는 노예로서 서서히 로마 사회로 침투해 들어갔다.

이러한 상황이 전개되고 있을 때 느닷없이 등장해 유럽 역사를 뒤흔든 세력이 있다. '훈족'이라 불리던 유목 기마민족이 바로 그들이다. 훈족의 정체에 대해서는 아직도 여러 설이 분분하나, 기원전 5세기에서 3세기에 걸쳐 북아시아에서 세력을 떨친 흉노 가운데 서쪽으로 이동한 일파에 다른 민족이 섞이면서 태어난 연합체라는 가설이 현재까지는 가장 유력하다.

훈족은 중앙아시아에서 볼가강 유역 러시아 남부에 등장해 돈강, 드네프르강을 건너 서쪽으로 나아갔다. 이는 4세기의 일이다.

말을 타고 빠른 속도로 진격해오는 훈족은 게르만족에게 직접적인 위협으로 다가왔다. 훈족이 가장 먼저 표적으로 삼은 이들은 흑해 북안에 거주하던 동고트족이었다. 당시 동고트족은 광대한 영역을 차지하고 전성기에 다다른 상황이었으나 호전적인 훈족을 당해낼 도리가 없었다. 훈족은 동고트족을 제압하고 동고트족의 영토를 점령했다. 이는 375년의 일이다. 그리고 이 일대 사건은 서유럽을 혼란의 소용돌이에 휘말리게 하는 직접적 원인이 되었다.

게르만 민족 대이동의 여파로 종말을 맞이하는 서로마제국

훈족은 도나우강 유역을 중심으로 대제국을 건설하고 사방으로 기세를 떨쳤다. 그러자 동고트족 거주지에 인접한 도나우강 북안에 살던 서고트족이 남하하기 시작했다. 그들은 도나우강을 건너 로마제국 영내로 들어와 보호를 요청했다. 이는 376년의 일이다.

로마제국은 군사적 의무를 조건으로 제국 내 게르만인의 정주와 자치를 허가했다. 그러나 많은 수의 게르만인이 유입되면서

19세기 프랑스 화가 알퐁스 드 뇌빌이
카탈라우눔 전투에서 싸우는 훈족을 묘사한 일러스트

서고트왕국 수도이던 이베리아반도 중부의 톨레도

주거와 식량 부족 문제가 불거짐에 따라 서고트족과 로마인 사이에 분쟁이 자주 일어나곤 했다.

마침내 로마제국은 광대한 영토를 유지할 만한 힘을 모두 소진해버렸다. 로마제국 황제 테오도시우스 1세(Theodosius I, 재위 379~395)가 395년 세상을 떠나자 그의 유언에 따라 로마제국은 콘스탄티노폴리스를 수도로 하는 동로마제국(비잔틴제국)과 라벤나를 중심으로 하는 서로마제국으로 분열했다.

제국 북방 경계의 수비가 느슨해지자 오늘날의 불가리아에 정착한 서고트족뿐 아니라 다른 게르만계 민족이 차례차례 서로마제국 영토로 밀고 들어왔다.

유틀란트반도에 있던 앵글족과 색슨족은 브리타니아로 이동하고 프랑크족은 라인강 우안에서 건너왔다. 또 발트해 남안의 반달족은 갈리아를 가로질러 이베리아반도로 이주했다. 각 게르만 부족의 왕들은 취약해진 서로마제국 영토를 야금야금 빼앗아 서로마 총독을 겸하면서 독자적인 법을 가진 '국가 내 국가'를 완성해갔다.

서고트족은 로마의 지배력이 약해진 틈을 이용해 지중해 연안을 따라 이동했다. 이탈리아반도를 거쳐 이베리아반도에 이르렀을 때 서고트족은 스페인에서 프랑스 서남부 코트다쥐르 등을 포함한 지역에 정착하고 나라를 세웠다. 이는 418년의 일이다. 이에 따라 먼저 이베리아반도에 자리 잡았던 반달족은 서고트왕

게르만인의 이동과 건국

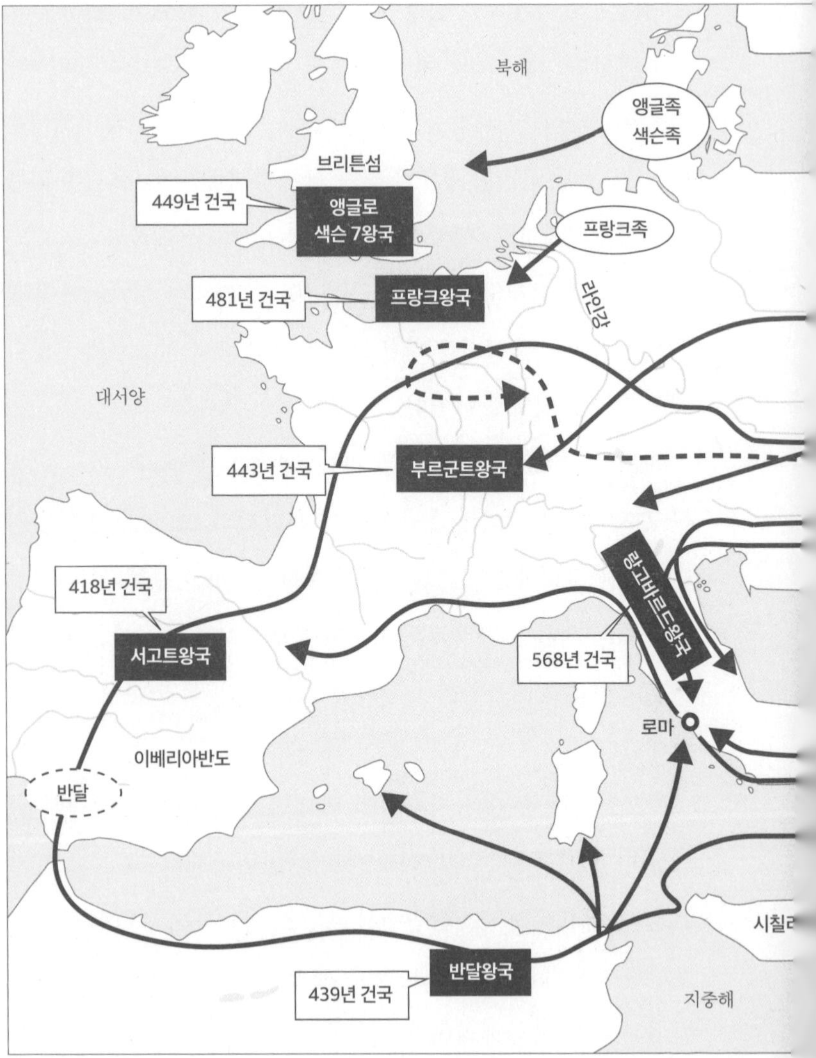
북해
앵글족
색슨족
브리튼섬
449년 건국
앵글로
색슨 7왕국
프랑크족
481년 건국
프랑크왕국
라인강
대서양
443년 건국
부르군트왕국
418년 건국
서고트왕국
롬바르드왕국
568년 건국
로마
이베리아반도
반달
시칠리
반달왕국
439년 건국
지중해

훈족의 서진으로 압박을 느낀 게르만인이 서유럽 각지로 이동해 서로마제국 영내에서 독자적인 국가를 건설했다. 이는 결국 서로마제국의 소멸로 이어졌다.

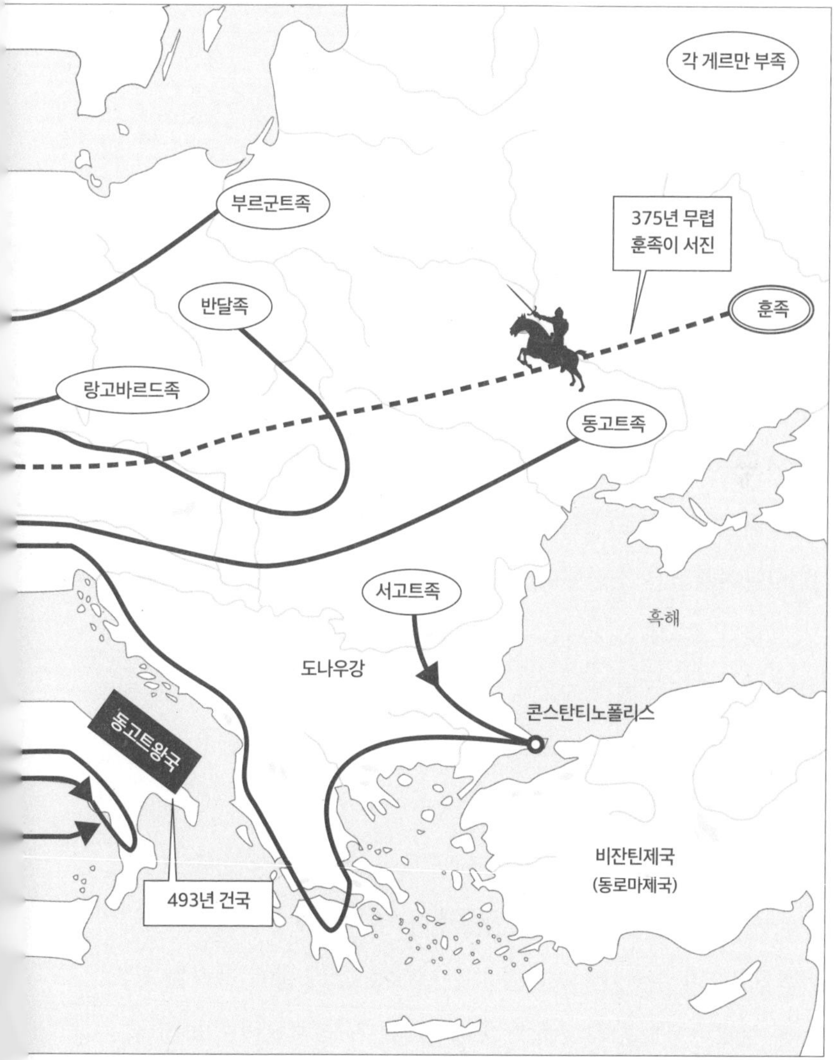

국에 밀려 북아프리카로 건너갔다. 반달족 전체를 이끌고 북아프리카로 간 반달왕국의 왕 게이세리쿠스(Geisericus, 재위 428~477)는 당시 '로마의 곡창'이라고 불릴 만큼 풍요로운 카르타고를 차지하고는 반달왕국령으로 선포했다. 439년의 일이다.

브리타니아에 상륙한 앵글족과 색슨족은 449년에 선주민인 켈트인을 정복하고 부족별로 7개 왕국을 세웠다.

이처럼 로마제국 영내로 들어온 게르만인은 안전하게 거주할 땅을 찾아 로마 영토 안을 종횡무진 누볐다. 따라서 서로마제국이 여러 게르만 민족의 난입으로 조각조각 나뉘는 상황이 전개되고 있을 때 게르만인 용병대장 오도아케르가 열 살 나이에 서로마제국 황제로 즉위한 로물루스 아우구스툴루스(Romulus Augustulus, 재위 475~476)를 퇴위시켰다. 476년에 벌어진 이 사건으로 서로마제국은 소멸했다. 이후 여러 게르만 부족이 세운 국가는 동로마제국에 부속되었지만 게르만 민족의 건국 움직임은 각지에서 끊임없이 계속되었다.

갈리아에 프랑크족 나라가 세워진 것은 481년의 일이다. 또 훈족의 지배를 받으며 판노니아(오늘날의 헝가리 서부, 오스트리아 동부, 크로아티아 북부 등지)로 이주한 동고트족 내부에서도 훈족 왕국의 붕괴를 틈 타 건국 기운이 꿈틀댔다. 판노니아 동고트족의 왕 테오도리크(Theodoric the Great, 재위 475~526)는 로마 황제 자리를 찬탈한 오도아케르를 처단하고 과거 서로마제국 수도이던 라벤나를 수도로 삼아 이탈리아에 동고트족 나라를 세웠다. 493년의 일이다.

여러 게르만 민족이 대대적으로 이동하며 각지에 그들만의 나라를 세움으로써 서로마제국은 붕괴할 수밖에 없었다. 그리고 사방팔방으로 이어지는 가도로 서로 연결되던 로마령 네트워크는 갈기갈기 찢겼다.

그 후 몇 세기에 걸쳐 로마제국 도시들은 고립되었고 제국의 화려한 영광의 흔적은 자취를 잃어간 동시에 게르만 민족의 풍습이 서유럽 사회에 뿌리를 내리고 봉건사회의 기초를 마련해 나갔다. 게르만 민족 대이동의 길은 중세 유럽의 시작을 알리는 길이기도 했다.

Road

12

서유럽에 이슬람이나 비잔틴제국과는 전혀 다른 세계를 탄생시킨 샤를마뉴 대제의 원정길

프랑스·독일·이탈리아의 근간을 이룬 명군의 대활약

게르만인이 옛 서로마제국 영토에서 분립한 국가들은 대부분 나라의 기틀을 확고히 하고 오랜 기간 유지하지 못한 채 스러졌다. 5세기 중반에 부르군트왕국과 반달왕국이 자취를 감추었다. 게르만인 국가 중 최대 번영을 이룩한 동고트왕국도 6세기 중반에 멸망했다. 또 이슬람 세력이 확장하면서 서고트왕국을 무너뜨렸다. 711년의 일이다.

그러한 와중에 꿋꿋이 명맥을 유지한 나라가 있었다. 갈리아에 자리 잡은 프랑크왕국이다. 8세기에서 9세기 초, 프랑크왕국의 샤를마뉴 대제(Charlemagne, 재위 768~814)가 원정길에 나서 영토를 확장하고 게르만 민족을 통합하는 가운데 유럽 세계의 기초가 다져졌다.

프랑크왕국이 다른 게르만 민족 국가와 달리 승승장구할 수 있었던 이유는 그리스도교로 개종했기 때문이라고?

프랑크왕국이 다른 게르만 민족 국가와 달리 승승장구할 수 있었던 이유는 무엇일까? 그 주요 요인으로 흔히 꼽는 것은 바로 종교다. 프랑크왕국이 그리스도교로 개종했기 때문에 살아남을 수 있었다는 것이다. 프랑크왕국을 건국하고 메로빙거왕조를 개창한 클로비스 1세(Clovis I, 재위 481~511)는 아내 클로틸다의 간청을 받아들여 아타나시우스파 그리스도교로 개종했다. 496년의 일이며 훗날 클로틸다는 성인으로 추앙받는다.

그런데 사실 프랑크족만 그리스도교로 개종한 것은 아니었다. 다른 게르만 부족 역시 이미 그리스도교를 받아들이고 있었다. 다만 그들이 믿은 아리우스파는 325년에 개최된 니케아공의회에서 이단으로 규정되고 아타나시우스파의 삼위일체설이 정통교의로 확정되었다. 따라서 정복자이지만 아타나시우스파로 개종한 프랑크족은 가톨릭교회와 옛 로마계 주민들과 좋은 관계를 유지하며 지낼 수 있었다.

이와 함께 프랑크족이 다른 게르만 부족과 크게 달랐던 것이 하나 더 있다. 게르만 민족 대이동 시기에 부족이 이동한 거리에서 차이가 있었다. 프랑크족은 원래 라인강 우안에 살다가 라인강을 건너 갈리아 지방으로 이주했다. 이러한 이동 거리는 다른 부족에 비하면 극단적으로 짧은 편이었다. 흑해 북부에서 이탈리아반도까지 이동한 동고트족이나 엘베강 우안에서 이베리아반도에 잠시 정착했다가 북아프리카로 내몰린 반달족 등과 비교해보자. 그 차이는 너무도 분명하다.

더욱이 프랑크족은 애초에 거주하던 곳을 포기하고 떠나온 것이 아니었다. 즉 그들은 거주지를 옮겼다기보다 독일에서 프랑스 방면으로 거주지를 확대한 셈이었다.

태어나 자란 곳을 어쩔 수 없이 떠나야 하고, 땅을 잃고 떠돌다 남의 땅을 빼앗는 과정을 반복하다 보면 세력이 약해질 수밖에 없다. 이런 측면에서 프랑크족은 오래, 멀리 이동하느라 소모되는 힘을 막을 수 있었다.

안정적으로 발전하던 프랑크왕국도 세대가 바뀌는 지점에서 분열되기 시작했다. 왕가인 메로빙거왕조는 쇠약해질 대로 쇠약해졌고 왕실을 관리하는 궁재(宮宰)가 실권을 장악했다. 이때 카롤링거가의 샤를 마르텔이 이미 분열된 프랑크왕국 전체를 아우르는 궁재로서 무력을 사용해 권력을 단숨에 휘어잡았다. 오랜 권력 다툼에서 승리를 거둔 샤를 마르텔이 그 명성을 사방으로 떨치게 되는 계기가 찾아왔다. 이베리아반도를 제압하고 피레네산맥을 넘어 프랑크왕국 영내로 침입한 이슬람 세력을 투르·푸아티에 전투에서 무찌른 것으로, 732년의 일이다.

이것은 당시 흔하게 벌어지던 전투에서 승리한 것 이상의 의미를 지녔다. 샤를 마르텔이 거세게 밀어닥친 이슬람 세력을 피레네산맥 이남으로 몰아내고 그리스도교 세계를 수호해낸 것이다.

샤를 마르텔의 이러한 공적에 힘입어 그의 아들 페팽 3세(Pépin le Bref, 재위 751~768)가 로마 교황 자카리아스(Pope Zacharias, 재위 741~752)의 승인을 얻어 메로빙거왕조의 마지막 왕 킬데리크 3세(Childeric III, 재위 743~751)를 폐위하고 프랑크왕국 왕으로 즉위하며 카롤링거왕조를 열었다. 이는 751년의 일이다.

서유럽을 제패한 샤를마뉴 대제

프랑크왕국 두 번째 왕조인 카롤링거왕조의 페팽 3세에 이어 그의 아들 샤를마뉴 대제(카롤루스 대제)가 768년 왕위에 올랐다.

프랑크왕국은 이미 메로빙거왕조 시대에 동쪽으로 라인강 유역에서 서쪽으로 피레네산맥에 이르기까지, 갈리아 전역으로 확장된 영토를 보유하고 있었다. 샤를마뉴 대제는 여기에 만족하지 않았다. 그는 게르만 민족 통일 왕국을 건설하겠다는 야망을 품고 771년부터 원정에 나섰다.

샤를마뉴 대제는 먼저 중부 이탈리아에 자리 잡은 랑고바르드 왕국을 침공했다. 773년의 일이다. 샤를마뉴 대제의 원정군은 알프스산맥 고갯길을 넘어 이탈리아반도로 들어서서 밀라노 남방에 위치한 랑고바르드왕국의 수도 파비아에 당도했다. 랑고바르드의 왕 데시데리우스(Desiderius, 재위 756~774)가 농성전을 펼치자 샤를마뉴 대제는 장기전을 각오하고 포위망을 구축했다. 샤를마뉴 대제가 이듬해 부활절을 로마에서 축하하는 여유를 보이자 데시데리우스 왕은 더 버텨낼 의지를 잃고 항복했다.

그다음 샤를마뉴 대제는 독일 중서부 파더보른에 별궁을 짓고 북쪽의 엘베강과 남쪽의 라인강 사이에 자리한 작센인 거주지 정복에 나섰다. 이 지역은 772년에서 804년에 이르는 동안 샤를마뉴 대제에게 제압당했다.

작센인 지역을 손아귀에 넣는 30여 년 동안 다른 지역 원정이 동시에 진행되었다. 샤를마뉴 대제는 이베리아반도를 지배하던 이슬람 세력인 후(後)우마이야왕조의 수도 코르도바를 정복하고자 대군을 편성했다. 777년의 일이다. 이때 프랑크군 주력 부대는 피레네산맥을 넘어 이베리아반도 북동부 팜플로나에 무혈입성한 후 동쪽으로 우회해 팜플로나 남동에 자리한 사라고사로 향했다.

주력 부대는 샤를마뉴 대제가 직접 이끌며 동쪽 경로로 진군한 부대와 합류해 사라고사를 공격했으나 사라고사 총독 알 후세인의 격렬한 저항을 버텨내지 못하고 샤를마뉴 군대는 후퇴할 수밖에 없었다. 이베리아 원정은 실패로 끝났다. 그러나 샤를마뉴 대제는 이베리아반도 북동부 바르셀로나를 중심으로 이스

알브레히트 뒤러, 〈샤를마뉴 대제〉

c. 1512, 패널에 유채와 템페라, 215×115cm, 뉘른베르크 국립게르만박물관

오른손에 든 검은 왕권을, 왼손에 든 십자가는 그리스도교를 상징한다.

파니아 변방령을 창설하고 남쪽 이슬람 세력을 방어하는 기지로 설정했다.

샤를마뉴 대제가 프랑크왕국 남동쪽에 위치한 바이에른을 침공한 것은 787년의 일이다. 바이에른 대공 타실로 3세가 순순히 투항 의사를 밝혔음에도 샤를마뉴 대제는 대공을 유폐하고 바이에른을 차지했다. 또 동쪽으로는 도나우강 유역으로 침입한 슬라브인이나 몽골계 아바르족을 항복시켜 영토를 확장함으로써 샤를마뉴 대제는 중앙 유럽에서 이베리아반도와 이탈리아반도 남부를 제외한 서유럽 전역에 지배력을 행사했다.

샤를마뉴 대제가 세상을 떠난 후 프랑크왕국이 급속히 해체된 결정적 이유는?

프랑크왕국 영토를 확장한 샤를마뉴 대제는 서유럽 그리스도교의 수호자로 인정받았다. 로마 교황 레오 3세(Pope Leo III, 재위 795~816)는 샤를마뉴 대제를 신성로마제국 초대 황제로 임명하고 관을 씌워주었다. 800년 크리스마스에 행해진 이 대관식은 중세 서유럽에 비잔틴제국이나 이슬람 세계와 명확히 다른 새로운 세계가 탄생했음을 선포하는 의미를 지니는 것이었다. 이를 기점으로 샤를마뉴 대제는 더는 정복과 영토 확장에 나서지 않았다. 대신 아헨에 궁전을 짓고 문화 사업을 벌여나가기 시작했다.

강력한 카리스마를 바탕으로 서유럽 세계를 호령하던 샤를마뉴 대제도 쇠약해지는 때를 맞이했다. 814년 샤를마뉴 대제가 세상을 떠난 후 프랑크왕국은 급속히 해체되었다. 샤를마뉴 대제의 아들 루트비히 1세(Ludwig I 재위 813~840)가 물려받은 왕국은 루트비히 1세의 아들들 대에서 분할 상속되었다.

루트비히 1세가 세상을 떠난 후 아들들은 843년 베르됭 조약을 체결해 왕국의 영토를 중프랑크, 동프랑크, 서프랑크로 나누어 상속하기로 했다. 이후 870년에 중프랑크를 분할해 동프랑크와 서프랑크가 나누어 가지는 메르센 조약이 체결되었다. 이로써 프랑크왕국의 분할이 최종적으로 마무리되었으며 이때의 영토 분할이 오늘날의 독일, 프랑스, 이탈리아 경계의 기초가 되었다.

샤를마뉴 대제가 게르만 민족 통일 국가를 염원하며 동서를 누빈 원정길은 현재까지 이어지는 유럽의 초석을 다지는 위대한 여정이기도 했다.

Road

13

19억 명 신도의 세계 종교로 성장하는 전환점이 된 무함마드의 위대한 이주의 길

아라비아 세계를 제패한 '제3의 세계 종교' 이슬람교는 어떻게 탄생하고 성장했나

벨기에 역사학자 앙리 피렌이 남긴 유명한 말이 있다. "무함마드 없이는 샤를마뉴 대제도 없다." 무함마드는 이슬람교의 초석을 다졌고 샤를마뉴 대제는 유럽 봉건제도의 기틀을 마련한 인물이다. 그러므로 앙리 피렌의 말은 이슬람교가 존재하지 않았다면 중세 유럽의 봉건제도가 탄생할 수 없었다는 뜻이다.

6세기에 등장한 이슬람교는 오늘날 세계 각지에 19억 명에 달하는 신자를 거느릴 정도로 성장했으며 머지않아 전 세계에서 가장 많은 신도를 보유하는 종교가 될 추세로 나아가고 있다. 세계 종교 이슬람교의 성립은 무함마드가 떠나온 '여행의 첫걸음'에서 시작되었다.

젊은 나이에 상인으로 성공을 거둔 무함마드는 왜 종교에 심취해 이슬람교를 창시했을까

이슬람교는 6세기에서 7세기에 이르는 시기에 아라비아반도에서 탄생했다. 당시 아라비아반도에는 아랍인이 유목 생활을 하며 간소한 삶을 일구어가고 있었다. 그때 마침 아랍인에게 변화의 기회가 찾아왔다.

동로마제국의 계보를 이은 비잔틴제국과 사산왕조 페르시아제국이 메소포타미아 일대를 경계로 밀고 밀리는 전쟁을 끊임없이 벌이고 있었다. 그 영향으로 페르시아만에서 유프라테스강 수로를 따라 북상하는 실크로드 무역로가 쇠퇴하면서 동서 무역은 아라비아반도 서부를 지나는 새로운 경로를 활용하게 되었다. 그러자 아랍인이 낙타에 짐을 싣고 사막을 이동하는 대상, 즉 카라반이 되어 동서 무역의 한 축을 담당하기 시작했다. 이로써 아랍인의 살림살이는 유목으로만 생활을 영위하던 이전에 비해 넉넉하고 풍요로워졌다.

아랍 상인은 홍해에서 아라비아반도 서안 헤자즈 지방의 도시 메카나 오아시스 도시 야스리브(메디나) 등을 거쳐 시리아까지 오갔다. 이 무역로에서 중요한 역할을 하며 번영을 누린 도시가 바로 메카다.

바위산으로 둘러싸인 황무지 메카는 카라반이 육로로 이동하며 들르는 무역로인 한편 중국에서부터 말라카 해협, 인도양을 거쳐 와서 아라비아반도 남부를 돌아 홍해로 북상하는 바닷길의 중계 기지이기도 했다. 육로와 해로를 거쳐 각지에서 온 수많은 물자가 모이는 메카에서 아랍인은 중계무역으로 막대한 부를 획득할 수 있었다.

또한 메카의 카바 성전에는 아랍인이 신성하게 여기는 흑석(黑石)을 비롯해 유목민 각자가 숭배하는 신의 우상 수백 개가 모셔져 있어 메카는 각지에서 수많은 참배객이 몰려오는 순례지로서도 위상을 떨쳤다.

무함마드(Muhammad, c. 570~632)는 메카에서 성전을 수호하는 역할을 맡은 쿠라이시족 명문가 하심 가문의 혈통을 물려받고 태어났다. 이는 570년 무렵의 일로 전해진다. 스물다섯 살에 상인으로 성공을 거둔 무함마드는 빈부 격차와 사회적 부패 현상이 심화되고 다신교의 우상 숭배가 극으로 치닫는 현실에서 부족이 붕괴될 수도 있겠다는 위기감을 느꼈다. 그는 메카 북쪽 교외에 있는 자발알누르산 정상 부근 히라 동굴에서 기도하며 명상에 잠기는 날들을 보냈다. 그러던 어느 날 마흔 살 무함마드에게 신의 계시가 전해졌다.

이후 무함마드는 자신을 유일하고 전능한 신 알라의 말씀을 전하는 예언자이자 최후의 심판일이 닥쳐올 것임을 경고하는 자로 인식하고는 알라의 가르침을 전하는 '신의 사도'로서 적극적인 활동을 시작했다.

'위대한 이주'로 불리는 헤지라가 이슬람교의 폭발적인 성장의 기폭제로 인식되는 이유

그러나 카바 성전으로 상징되는 종교 도시 메카에서 우상 숭배를 부정하는 무함마드의 주장은 좀처럼 받아들여지지 않았다. 포교에 나선 이후 10년 동안 그가 모은 신도는 가족과 지인 이외에 여성과 노예, 극빈자 등 사회적 약자를 중심으로 고작 70명 정도였다. 무함마드는 메카를 실질적으로 지배한 쿠라이시족의 이권 구조를 비판하고 부정하는 입장을 취함으로써 괴롭힘과 따돌림을 당하고 자기 가문으로부터 받는 후원도 모두 잃게 되었다.

무함마드는 신변의 위험을 피해 새로운 거주지를 찾아 나서야 했다. 이런 그를 기꺼이 받아들여준 이들은 메카에서 북쪽으로 350킬로미터 떨어진 도시 야스리브 주민들이었다.

야스리브는 화산지대에 펼쳐진 드넓은 오아시스로 대추야자와 곡물 재배에 집중하는 농업이 번성한 지역이었다. 그런데 이곳 주민을 힘들게 하는 골치 아픈 문제가 있었다. 그것은 바로 유대인과 아랍인이 섞여 사는 데서 발생하는 빈번한 씨족 간 분쟁이었다. 야스리브 주민은 무함마드가 그들을 힘들게 하는 분쟁

이슬람교 최대 성지 메카의 카바 성전

의 현명한 조정자가 되어주기를 바랐다.

드디어 무함마드는 자기 자신은 물론 가족과 신도 모두 쿠라이시족의 박해로부터 일시적으로 피난을 떠나기로 결심했다. 이는 622년의 일이다. 그들은 적은 수로 무리를 나누어 은밀하게 이동했다. 평상시라면 9일 정도에 갈 수 있는 길이지만 목숨이 위태로웠던 무함마드는 길을 우회하며 22일이나 걸려 겨우 목적지에 도착할 수 있었다.

이러한 무함마드의 이주는 이슬람교 교단이 발전하는 과정에서 마주친 하나의 커다란 고비였기 때문에 이슬람교에서는 이를 가장 중요한 사건으로 손꼽는다.

이슬람 교리에서도 "기존의 인간관계를 단절하고 새로운 인간관계를 구축한다"는 의미에서 이것을 '위대한 이주'라는 뜻의 '헤지라(Hegira)'라고 부른다. 그러므로 무함마드가 메카를 떠난 날 이슬람 역사가 바야흐로 시작되었다고 여기며 이슬람력은 헤지라가 일어난 622년을 기원 원년으로 삼는다.

실제로 무함마드의 교단은 새로운 터전을 마련한 야스리브에서 발판을 다지며 성장을 거듭했다. 교단은 서로 반목하던 양대 아랍인 세력을 신도로 규합하고 사막에 사는 유목민에게는 안전을 지켜주는 대신 교단을 따르겠다는 맹약을 받아내면서 차츰 교세를 확장해갔다. 이슬람교의 도시가 된 야스리브는 훗날 '예언자의 도시'를 뜻하는 새로운 이름, '메디나'로 불리게 되었다.

메디나를 기반으로 세력을 확장한 무함마드는 1만 명으로 이루어진 군대를 이끌고 메카를 공격했다. 이는 630년의 일이다. 기세등등한 무함마드군을 보자마자 전의를 상실한 메카의 상인들이 성문을 활짝 열었다. 무함마드는 메카를 무혈점령했다. 그러고는 카바 성전에서 숭배되던 우상을 모두 파괴한 후 성전의 흑석을 이슬람 신앙의 중심으로 삼았다.

이슬람교 성립 초기부터 오늘날까지 이어지는 수니파와 시아파 갈등의 근본 원인은?

무함마드는 아라비아반도에서 이슬람 교단 체제를 정비하고 메카를 순례한 후 야스리브로 돌아갔다. 그리고 얼마 지나지 않은 632년에 무함마드는 건강이 악화되어 세상을 떠났다.

무함마드가 후계자를 지목하지 않은 채 사망한 이후 이슬람 교단의 주도권을 쥔 인물은 무함마드와 헤지라를 함께한 친구이자 제자인 아부바크르였다. 그는 자신을 무함마드의 '대리인' 또는 '상속자'라는 의미에서 '칼리파'라고 칭했다.

이슬람교 지배자로 올라선 아부바크르는 2년이라는 짧은 재임 기간 동안 아랍 유목민을 이슬람교 아래 하나로 단결시킨다는 목표에 따라 원정(지하드, 성전(聖戰))에 나서서 아라비아반도

내 부족들을 재정복했다. 그는 또 비잔틴제국과 사산왕조 페르시아제국이라는 두 거대 세력을 공략했는데, 페르시아제국이 지배하던 유프라테스강 주변 이라크 남부를 정복하고 비잔틴제국에게서는 지중해에 접한 시리아를 얻어내는 데 성공했다.

아부바크르를 시작으로 칼리파 4명이 이어지는 동안(정통 칼리프 시대) 이슬람 공동체는 아라비아반도를 나와 지중해 연안에서 중앙아시아로 세력을 확대했다. 그 과정에서 경전 『꾸란』을 정리하고 이슬람교도가 지켜야 하는 행동 규범인 육신오행(六信五行, 여섯 가지 믿음과 다섯 가지 신앙 행위), 즉 유일신 알라, 천사, 경전, 예언자 무함마드, 내세, 정명(定命)을 믿고 신앙고백, 하루 다섯 차례 예배, 가난한 사람을 위한 희사(喜捨), 이슬람력 9월 한 달 동안 단식, 성지 메카 순례를 행하라는 신앙생활의 틀도 갖추었다.

그러나 3대 칼리파 우스만 이븐 아판의 후계자를 선정하는 과정에서 내분이 발생했다. 우스만은 새벽 기도 중에 암살당했는데 그 배후가 밝혀지지 않은 상황에서 무함마드의 사촌이자 사위인 알리가 4대 칼리파 자리에 올랐다. 그러자 우스만의 친척인 우마이야 가문의 무아위야가 우스만 암살에 알리가 관련되어 있다는 점을 내세우며 반기를 들고 나서면서 내전으로 발전했다. 양측이 격렬히 대립하던 끝에 알리가 암살되었다. 무아위야가 이슬람 공동체를 이끌어야 한다고 주장하는 세력, 즉 이슬람교 정통파인 '수니'의 지지를 얻어 칼리파 자리는 무아위야가 차지하게 되었다. 이후 무아위야의 후손이 대대로 칼리파를 세습하는 우마이야왕조가 성립되었다.

한편 암살된 알리를 지지하는 세력이 완전히 사라진 것은 아니었는데, 특히 알리의 아들 후세인의 일가족이 모두 참살당한 것을 계기로 후세인의 죽음을 순교로 받아들이고 복수를 다짐하는 세력으로 결집하기 시작했다. 알리야말로 무함마드가 세운 이슬람 공동체의 정통 지도자라고 주장하는 이들을 '시아'라고 부르는데, '시아'는 추종자 또는 당파를 의미하며 '시아 알리(알리의 추종자)'를 줄여 흔히 '시아'라고 한다.

이슬람교 내에서 상대적으로 소수인 시아파는 오랜 기간 수니파에게 멸시와 박해를 받아왔다. 수니파와 시아파의 갈등은 이슬람교와 주변 지역의 역사와 밀접하게 관련된 채 오늘날까지도 계속되고 있다.

무함마드는 메카 기득권층의 박해를 피해 목숨을 걸고 길을 나섰다. 그는 고향으로부터, 가문으로부터 추방된 것이나 다름없었다. 그러나 익숙한 모든 것과 결별한 낯선 곳에서 오히려 이슬람교의 발판을 다질 수 있었다. 다시 말해 이슬람 종교 공동체는 무함마드의 용감하고 과감한 결단으로 내딛은 첫걸음에서부터 시작된 것이다.

Road
14

수나라를 멸망으로 이끌었으나 후손 대대로 큰 혜택을 안겨준 수 양제의 대운하 길

수 양제는 온전히 개인적인 욕심을 채우기 위해 대운하 사업을 추진했을까

무함마드는 동서 무역로의 경로가 변경되면서 번영한 도시를 중심으로 이슬람교를 성립할 수 있었다. 무역로 서쪽 끝에서 이슬람교가 태동하던 6세기 무렵, 무역로 동쪽 끝에서도 커다란 역사적 사건이 일어나고 있었다. 3세기에 위(魏)·오(吳)·촉(蜀) 세 나라가 맞서면서 시작된 혼란기에 마침표를 찍고 중국을 통일한 수(隋)나라가 등장한 것이다.

서진(西晉)이 멸망한 후 278년에 걸친 혼란기를 잠재운 것은 북주(北周)의 양견(楊堅)이 세운 수나라다. 수나라 초대 황제 문제(文帝, 재위 581~604)가 중국을 통일한 것은 589년의 일이다. 그리고 604년에 문제의 뒤를 이어 양제(煬帝, 재위 604~618)가 황제 자리에 올랐다.

총 길이 1,500킬로미터 수로망에 너비 60미터 대운하를 만들고, 수로를 따라 별궁을 40개나 지은 수 양제

광대한 영토와 더불어 절대 권력을 거머쥔 양제는 국토 개조 계획을 적극적으로 추진하기 시작했다. 이때 가장 중요한 핵심 사업은 '수상 무역망' 정비였다.

양제는 즉위 이듬해인 605년에 연호를 대업(大業)으로 정한 후 우선 장안 동쪽 낙양에 부도심을 건설하고 폐허가 된 북위(北魏)의 낙양성에서 서쪽으로 15킬로미터쯤 떨어진 지점, 황하(黃河) 지류인 낙수를 낀 땅에 현인궁(顯仁宮)이라는 장엄한 별궁을 지었다.

대운하 제1차 공사도 같은 해에 착수했다. 반년 만에 낙양보다 동쪽인 개봉 너머의 황하가 북동 방면으로 물줄기를 바꾸는 지점부터 동쪽 방면으로 완만하게 남하하도록 회하(淮河)까지 연결하는 통제거(通濟渠)를 개통했다. 통제거는 회하의 동서 수로를 거쳐 양주, 강남하(江南河)까지 이어진다. 훗날 강남하는 남쪽으로 연장되어 장강(長江)에서 태호(太湖) 옆을 지나 항주의 전당강(錢塘江)과 만나도록 다시 바로잡았다. 이는 610년의 일이다.

대운하 제2차 공사는 개봉 부근 황하와 천진에 가까운 탁군을 남북으로 잇는 영제거(永濟渠) 개통을 중심으로 이루어졌다. 제2차 공사는 608년 정월에 착공했다. 양제가 강력하게 밀어붙인 대운하는 거대한 중국의 남북을 연결하는 것으로, 오래전부터 부분적으로 존재하던 자잘한 운하를 정리하고 개수하는 작업까지 포함해 총길이 1,500킬로미터에 달하는 수로망이 되었다.

황하로 흘러드는 위수(渭水)에서 황하, 회하, 장강을 관통해 항주만에 이르는 대운하의 너비는 60미터에 이르렀으며 수로를 따라 40개나 되는 별궁도 함께 지어졌다. 양제는 웅장한 선단을 이끌고 다니며 겨울에는 양주에서 따뜻하게 보낸 후 여름에 낙양으로 돌아오곤 했다.

지나치게 국력을 소모해 수나라를 멸망으로 이끌었으나 오늘날까지 긴 세월 동안 중국 민중에게 엄청난 혜택을 안겨준 대운하

수 문제는 수도 대흥(장안)이 요충지이기는 하지만 농업 생산성이 낮은 단점을 지니고 있음을 우려했다. 그래서 수도로 대량의 물자가 원활히 유통되도록 장안에서 황하로 이어지는 운하 광통거(廣通渠)를 건설했다. 이는 중국을 통일하기 이전인 584년의 일이다. 뒤를 이은 수 양제의 운하 개통 계획은 선대의 생각을 훨씬 웃도는 구상이었으나 당시 수나라 국력은 고려하지 않은 도전이었다.

그 와중에 수 양제는 세 차례에 걸친 고구려 원정에도 힘을 쏟았다. 그는 영제거를 개통하자마자 탁군에 물자와 군사 동원령을 내렸다. 611년의 일이다. 그리고 이듬해에 100만 명이 넘는 대군을 이끌고 고구려 원정에 나섰지만 막심한 피해를 입은 채 퇴각할 수밖에 없었다.

대대적인 원정이 실패로 끝나고 수년 동안 이어진 대운하 건설로 경제적 부담이 늘어난 데 더해 노동력으로 동원된 백성의 불만이 가중되면서 수나라 곳곳에서 반란이 발생하기 시작했다. 그러나 대운하를 통해 군사 물자 이동이 용이해지자 수 양제는 민중의 소리를 귀 기울여 듣지 않았다. 그러고는 이듬해와 그 이듬해에 연이어 고구려 원정을 다시 감행했다. 결국 고구려 원정은 모두 실패로 끝났고 양제는 백성의 신망을 빠르게 잃어갔다.

마침내 전국 각지에서 무장봉기가 연쇄적으로 발생했다. 수 양제가 강력하게 밀어붙여 조성한 대운하는 오히려 반란군을 돕는 역할을 하게 되었다. 대운하를 매개체로 정보가 각지 반란군에게 발 빠르게 전달될 수 있었던 것이다. 양제가 파병한 진압군은 대규모 반란군을 상대하기에는 역부족이었다. 진압군이 소규모 부대를 토벌하느라 발이 묶였다는 소식이 퍼지면 군소 조직이 규합해 전투를 벌이고 도주함으로써 반란군의 규모만 커지게 되었다.

자승자박의 난세를 초래한 양제는 후궁과 궁녀 수천 명을 거느린 채 양주의 호화로운 한 누각에서 주색에 빠져 있었다. 그런 양제를 암살한 것은 그의 친위대로, 618년의 일이다.

중국을 통일한 수나라는 40년도 채 안 되는 짧은 역사만 남긴 채 사라졌지만 대운하는 이후에도 건재했다. 황제가 자신의 유희를 위해 거대한 토목공사를 일으킨 것은 아니었다. 장안에서 양주까지 선박으로 오고갈 수 있게 되면서 물류를 이동하는 대동맥이 형성되었다. 이로써 각지에서 나는 산물이 활발히 거래되었다. 대운하는 이후에도 고온다습하고 녹음이 풍부한 회하 이남 장강 유역에서 나는 물자를 북방으로 운송하는 역할을 꾸준히 수행했다.

또 중국이 여러 주변 민족을 제압하고 나서 조공을 들고 찾아오는 각국 사절이 늘어나게 되자 사람과 물자가 동시에 운하를 통해 이동했다. 동양과 서양을 연결하는 '육상 실크로드'를 거쳐 온 문물이 중국 영토 안으로 들어오면 운하를 따라 손쉽게 수도로 도달할 수 있게 되었다. 수 양제 시절 낙양에 서방 상인 등이 각국에서 들여온 상품이 모이던 국제 시장이 열린 것은 대운하 개통의 최대 파급 효과라고 할 수 있다.

대운하라는 수상 교통의 대동맥을 개통하는 데 국력을 지나치게 소모한 수나라는 결국 멸망했다. 그러나 수나라가 정비한 대운하의 혜택을 오늘날에도 여전히 누리고 있으니, 수나라를 멸망으로 이끈 대운하는 후손에게는 축복의 길이 된 셈이다.

오늘날에도 중국 수운의 대동맥으로 활용되는 대운하

Road
15

지식혁명의 불길을 전 세계로 확산시킨 제지법 전파의 길

탈라스 전투에서 패배해 포로로 잡힌 제지 기술자가 세계 '기록·기술'의 역사를 바꾸다

300년 가까운 혼란기를 잠재우고 중국 통일이라는 위업을 달성한 수나라는 제2대 황제 양제의 강압적이고 무모한 통치가 빌미가 되어 단명하고 말았다. 수나라의 뒤를 이어 중국 지배자로 등장한 것은 당(唐)나라다.

당나라는 제2대 황제 태종(太宗, 재위 626~649) 이세민(李世民) 치세에 전성기를 맞이했다. 당나라가 영토를 계속 확장하며 나아간 결과 실크로드 세력권이 서쪽으로 더욱 전진하면서 마침내 당나라와 이슬람 세력이 맞닥뜨리게 되었다. 이는 7세기 후반의 일이다. 그리고 중국과 이슬람이 서로 충돌하는 순간이 왔다. 이를 계기로 세계사에 결정적인 영향을 미친 새로운 '문화의 길'이 탄생하게 되었다.

8세기, 두 거대 세력 이슬람의 아바스왕조와 중국의 당나라가 탈라스 강변에서 격돌하다

7세기 초에 성립한 중국 통일 왕조 당나라는 서역을 세력권에 편입하면서 '제국'으로 성장했다. 한편 비슷한 시기 유라시아 대륙 서쪽에서도 커다란 변화의 움직임이 있었다. 아라비아반도의 아랍인과 이슬람 세력이 7세기 후반에 사산왕조 페르시아제국을 무너뜨렸고 우마이야왕조에 뒤를 이은 아바스왕조는 당의 영향력에 도달할 정도로 급성장했다. 결국 두 문화권의 완충재 역할을 하던 중앙아시아에서 양국이 충돌했다.

먼저 당나라 현종(玄宗, 재위 712~756)이 중앙아시아를 평정하기 위해 서역 사령관 고선지를 파견해 갈등을 유발했다. 750년의 일로, 고선지는 1만 병력을 이끌고 카슈가르에서 파미르 고원에 이르러 석국(石國), 즉 타슈켄트의 국왕과 왕비를 볼모로 잡았다. 당의 공세가 위협으로 다가오자 사마르칸트와 부하라 등 소그드인 소도시국가는 아바스왕조에 원군을 요청했다.

아바스왕조는 이러한 요청을 받아들이고 지야드 이븐 살리흐 장군이 이끄는 군대를 파견했다. 고선지도 군사 8만 명을 동원해 만반의 준비를 갖췄다. 결국 751년에 양국은 톈산산맥 북서 기슭에 자리 잡은 페르가나 지방 탈라스 강변에서 충돌했다. 전투는 당나라군의 대패로 끝났다. 당나라군에 가담한 중앙아시아의

이슬람 세계로 전파된 제지법

투르크계 카를루크 부족의 배신으로 협공을 당했기 때문이었다. 가까스로 살아남은 고선지는 병사 수천 명의 호위를 받으며 패주했다.

당나라와 아바스왕조, 이 동서 양대 세력의 충돌은 사실 국지전에 불과했다. 그러나 그 결과 중앙아시아가 '이슬람 사회'로 변화하는 계기를 마련했다. 또한 뜻밖의 형태로 세계사에 획기적인 변화를 불러일으켰다. 과연 무슨 일이 일어났을까?

탈라스 전투에서 당이 패배함으로써 중국 고유 기술인 제지법이 이슬람권과 유럽에 전파되어 세계사를 바꾸다

아바스왕조 군대는 사로잡은 당나라군을 사마르칸트로 끌고 갔다. 이렇게 끌려간 당나라 포로 가운데 제지공이 끼어 있었는데, 이 이름 없는 장인이 세계사의 커다란 변화를 초래한 것이다. 아바스왕조는 곧바로 제지 기술을 받아들이고는 사마르칸트에 제지 공장을 세웠다. 이는 757년의 일이다.

역사를 거슬러 올라가보자. 1세기 무렵 후한(後漢) 시대 관리 채륜(蔡倫)이 개량해 완성한 품질 좋은 종이를 만드는 기술은 이후 오래도록 중국이 독점하고 있었다. 제지법을 발명하지 못한 이슬람권과 서양에서는 기록해야 할 일이 있을 때 양피지를 활용했다.

그런데 양피지는 물로 닦아내거나 표면을 깎아내면 글자가 지워져 문장을 의도적으로 고치거나 누락하기 쉽다는 단점이 있다. 반면 종이에는 잉크가 스며들기 때문에 일단 쓴 글자를 보태거나 지워서 고치기가 힘들다. 게다가 양피지를 생산하려면 젖과 고기를 제공하는 귀중한 가축을 도살하는 손해를 감수해야 했다.

이슬람 세계는 제지공이라는 뜻밖의 귀중한 '전리품'을 획득한 것이다. 머지않아 사마르칸트에서는 페르시아만 연안의 특산품인 아마포 조각을 원료로 양질의 종이를 제조하는 기술이 확립되었다. 종이를 저렴한 비용으로 대량 생산할 수 있게 되면서 이슬람제국 내에서 사마르칸트산 종이가 널리 유통되기 시작했다.

『천일야화』로 잘 알려진 아바스왕조 제5대 칼리파 하룬 알라시드(Hārūn al-Rashīd, 재위 786~809)는 제지 산업을 국영사업으로 정하고 수도 바그다드와 다마스쿠스에 제지 공장을 신설했다. 이는 793년의 일이다. 국내에서 종이가 대량 생산됨에 따라 종이는 국외 수출 품목으로 자리 잡았다. 다마스쿠스산 종이는 비잔틴제국 수도 콘스탄티노폴리스를 거쳐 유럽으로 수출되었다.

이 시대는 바야흐로 이슬람 세계가 급속도로 팽창하던 시기였다. 이슬람 문화권이 널리 확장되는 것과 동시에 제지 공장이 곳곳에 세워지면서 제지 기술 또한 각지로 퍼져 나갔다.

제지 기술 전파 경로는 크게 두 갈래로 나눌 수 있다.

첫째는 북아프리카 서쪽으로 전파된 경로다. 10세기 중반에 이르러 중동 전역으로 확산된 제지 기술은 10세기 후반 이집트, 12세기 초 리비아를 거쳐 모로코 페스에 도달했다고 추정된다. 그리고 12세기 중반 이베리아반도에 상륙했고 마침내 피레네산맥을 넘어 프랑스와 영국에 전해졌다. 프랑스 남부 에로 지역에 유럽 최초의 제지 공장이 설립된 것은 1189년의 일이다.

둘째는 이집트에서 지중해를 끼고 시칠리아섬에 이르러 이탈리아반도로 건너간 이후 북상해 스위스와 네덜란드를 거쳐 북유럽으로 전파된 경로다.

유럽은 이슬람권에 비해 한참 늦게 제지 기술을 습득했다. 이후 제지 기술이 유럽 전역으로 퍼져 나간 것은 몇백 년이 지난 15세기 무렵의 일이다. 유럽에 제지 기술이 일반화됨으로써 구텐베르크의 세계 최초 '활판 인쇄' 발명을 촉진했다. 이후 유럽에서는 인쇄 혁명이 일어나 여전히 필사가 중심이던 이슬람 문화를 추월할 수 있게 되었다.

동서양이 맞붙은 전투에서 승리한 이슬람군은 전투가 벌어졌던 탈라스 강변에서 사마르칸트로 당나라 포로를 끌고 갔다. 그 포로 가운데 우연히 당나라 제지공이 포함되어 있었다. 제지공이 타의에 의해 걸어간 길에서부터 세계사의 커다란 흐름이 전환점을 맞이했다. '기록 기술' 전파의 첫걸음은 그렇게 시작되었다.

Road
16

동아시아 불교를 완성시킨 현장 스님의 서역 여행길

현장 스님이 서쪽으로 간 까닭은?

중국 당나라는 당시 동아시아 세계의 '불교 선진국'이었다. 이는 신라와 일본 등지에서 당나라로 파견된 유학생 가운데 승려가 상당수 포함되었다는 사실로 잘 알 수 있다.

불교가 최초로 중국에 전해진 것은 전한(前漢) 말에서 후한 초, 즉 1세기 초 무렵으로 추정된다. 이어 4~5세기 오호십육국(五胡十六國) 시대에 구자(오늘날의 신장웨이우얼 쿠처) 출신으로 인도에서 불교를 공부한 승려 쿠마라지바가 중국으로 와서 300권에 달하는 경전을 번역했다. 그제야 산스크리트어로 쓰인 불교 경전이 한문으로 번역되어 보급됨으로써 불교가 중국을 중심으로 한 한자문화권에서 널리 확산되는 기반이 마련되었다.

산스크리트어 경전을 찾아 머나먼 인도 여행을 마다하지 않은 동진의 승려 법현

그러나 불교 경전 수천 권을 모두 중국으로 들여와 번역한다는 것은 쉬운 일이 아니었다. 또 연구를 하면 할수록 한역 경전과 원전 문헌이 제대로 갖추어지지 않았다는 사실이 명확해졌다. 불교가 중국에 확실히 자리 잡게 되자 불교 발상지인 인도(천축)로 건너가 산스크리트어 경전을 구해서 직접 번역하려는 승려가 나타났다.

동진(東晉) 시대 법현(法顯) 스님이 장안을 출발한 것은 399년의 일이다. 법현 스님은 타클라마칸 사막, 파미르 고원을 넘어 북인도에 다다른 후 인도 중부를 순례하며 스리랑카까지 갔다. 법현 스님은 『대반열반경(大般涅槃經)』 등의 경전을 가지고 413년에 돌아왔고 기행문 『불국기(佛國記)』를 써서 귀중한 서역 정세를 전했다.

현장 스님은 왜 엄격한 국법까지 어기며 고난의 서역행을 고집했을까

당나라 시대 구법승(求法僧)으로 엄청난 업적을 남긴 스님이 있다. 명(明)나라 때 소설 『서유기(西遊記)』 속 삼장법사로 더 익숙한 현장(玄奘, c. 602~664) 스님이다.

현장은 수나라 문제 치세인 600년 혹은 602년에 낙주(洛州, 오늘날의 뤄양)에서 태어나 열한 살에 동도(東都) 낙양의 정토사로 출가했다. 수나라 말 당나라 초를 맞이해 사회가 불안해지자 현장은 불교 교리 연구에 매진하며 난해한 불교 유식(唯識) 사상을 탐구했다.

직접 산스크리트어 경전을 연구하고 싶다는 열망에 사로잡힌 현장은 장안에 와 있는 인도 승려를 찾아갔다. 이는 626년의 일이다. 인도 승려에게서, 인도 동북부에 있는 날란다사원에서 불교가 깊이 있게 연구되고 있으며 특히 유식학에 정통한 실라바드라 스님이 날란다사원에 계시다는 것을 전해 들었다. 현장은 서역으로 떠나겠다고 결심했다. 당시 당나라에서는 국경을 넘어 오가는 것을 엄격하게 제한하고 있었지만 현장은 국법을 어기고 인도로 가는 첫걸음을 내딛었다. 이는 629년의 일이다.

현장은 양주(오늘날의 간쑤 우웨이), 고창(오늘날의 투루판)에 잠시 머문 후 타클라마칸 사막 북부를 통과해 구자를 지나 오늘날의 아커쑤허를 건너 서북으로 300여 리를 갔다. 그리고 해발 7,000미터를 넘는 고봉이 즐비한 톈산산맥을 넘었다.

해발 4,000미터가 넘는 험준한 베델 고개를 넘어가는 산길을 7일 동안 고생스럽게 걸어 마침내 산맥을 넘은 현장은 서돌궐인

현장 스님이 들른 아프가니스탄 바미안
2001년 아프가니스탄을 지배한 탈레반 정권이 마애불 두 좌를 파괴하는 등
심각한 피해가 발생했다.

의 도움을 받으며 사마르칸트에서 아프가니스탄 바미안에 이르렀다.

불전을 찾아 떠난 스님의 16년간의 여행과 이후 20여 년간 600여 권의 불전 번역이 동아시아 불교를 완성하다

현장은 『대당서역기(大唐西域記)』에서 "절벽에 둘러싸이고 계곡에 걸쳐 있는" 바미안 대도성의 특징을 정확하게 기술하고 금빛으로 빛나는 대불과 열반에 든 부처의 모습을 표현한 거대한 와불상의 위용을 묘사해놓았다.

바미안의 장엄한 가람을 천천히 순례하고 남긴 현장의 바미안 기행문은 중국 문헌에서는 가장 오래된 기록으로 중앙아시아에서 꽃핀 불교문화의 최전성기를 오늘날까지 생생히 전하는 1급 사료다.

당나라를 출발하고 3년이 지나서야 현장은 목적지인 갠지스강 중류 날란다사원에 도착했다. 현장은 정법장(正法藏)이라는 존칭으로 불리던 실라바드라 스님 밑에서 5년 동안 연구에 몰두했다. 현장이 서인도 불교 유적 순례길에 오른 것은 636년의 일이다. 날란다사원에서 갠지스강을 따라 동쪽으로 나아간 후 벵골만을 따라 남하해 인도 남부 칸치푸람을 거쳐 인도반도 서부를

『대당서역기』의 길

당나라 승려 현장은 중앙아시아에서 톈산산맥을 넘어 천축(인도)에 이르러 수많은 불교 경전을 중국으로 가져왔다.

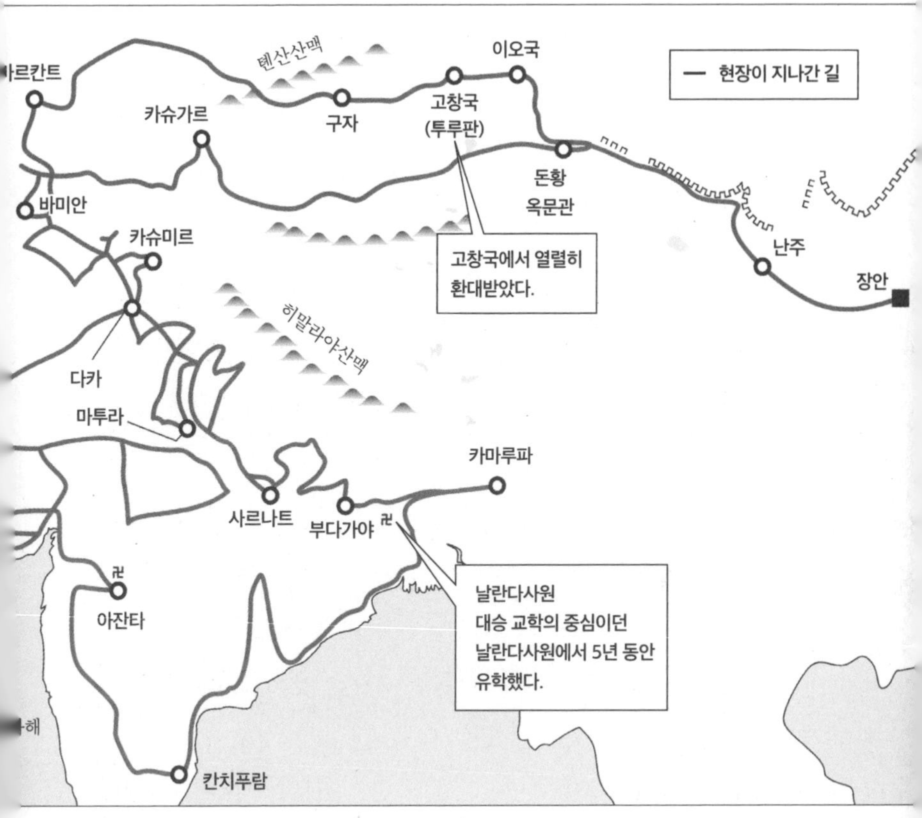

현장 스님이 공부한 날란다사원 유적

돌아 날란다사원으로 돌아오는 여정이었다.

현장이 각지에서 천문과 지리 등을 익히고 640년에 날란다 사원으로 돌아오자 정법장 실라바드라 스님은 『섭대승론(攝大乘論)』 같은 유식교학 강의를 현장에게 맡겼다. 이는 곧 현장이 최고 수준의 학자로 인정받았다는 증거였다.

구도 탐구의 목적을 달성한 현장은 은사의 허락을 얻어 북인도 바르다나왕조의 하르샤바르다나 왕을 알현한 후 귀로에 올랐다.

수많은 불교 경전을 가지고 돌아오는 길로는 톈산남로를 따라 동쪽으로 가는 경로를 택해, 호탄을 지나 타클라마칸 사막 남쪽으로 동진해서 당나라에 도착했다. 현장이 귀국한 때는 당나라를 떠난 지 16년만인 645년이었다.

금지된 여행을 떠난 이유와 그 의미를 충분히 해명함으로써 현장은 당나라 태종의 허락을 얻어 당나라로 들어올 수 있었다. 또 이미 당나라 내에서는 해외여행을 엄격하게 금지하던 분위기가 많이 누그러졌으며 불교 보호가 국책이 되어 있었다. 현장은 태종의 비호를 받으며 번역 사업에 착수했다. 이후 20년 동안 『대반야경(大般若經)』 600권 등 수많은 불전이 한역되었다. 현장이 갖은 고난을 마주하면서도 포기하지 않고 나아간 서역 여행길이 있었기에 동아시아 불교가 완성될 수 있었다.

Road

17

유럽 사회를 혁명적으로 바꾼 바이킹의 원정길

바이킹의 침략이 없었다면 유럽의 봉건제도도 없었다?

동아시아에서 당나라가 최전성기를 맞이할 무렵 유럽에서는 민족 대이동의 두 번째 물결이라고 할 수 있는 대혼란이 발생했다.

바로 '바이킹'이라 불린 노르만인이 대대적으로 유럽을 침공한 것이다. 바이킹은 각지에서 금은보화와 식량을 약탈하고 살육을 일삼아 정착 생활을 하던 과거의 이민족 게르만인 국가에게 위협적인 존재로 등장했다.

그러나 바이킹이 활보한 침공과 약탈의 길은 파멸의 길로 끝나지 않았다. 바이킹의 원정으로 야기된 혼돈을 안정시키는 과정에서 중세 유럽 사회는 크나큰 변혁의 계기를 맞이했다. 그 결과 유럽 사회 구조에 대전환이 일어났다.

바이킹의 유럽 침략 물꼬를 튼 8세기 말 잉글랜드 북부 린디스판 수도원 습격 사건

후세에 '바이킹(Viking의 어원을 두고 아직까지 명확한 결론이 내려지지 않았다)'이라 불린 노르만인은 스칸디나비아반도와 유틀란트반도를 근거지로 삼은 북방 게르만 민족 일파다.

바이킹은 크게 세 부족, 즉 노르만인, 데인인, 바랑기아인으로 나뉘어 375년에 시작된 게르만 민족 대이동 때는 고향에 머무르며 어업으로 근근이 생계를 꾸려나갔다. 게르만 민족이 세운 각국이 그리스도교 국가로 변모하는 동안에도 바이킹은 독자적인 사회 윤리와 신앙, 문화를 고수했다.

게르만 민족의 대이동이 점차 마무리 단계에 들어선 8세기 말부터 원래 거주지에 노르만인은 노르웨이, 데인인은 덴마크, 바랑기아인은 스웨덴왕국을 각각 건국하고 본격적으로 무역에 나서며 대외 활동을 시작했다. 그들은 약탈을 동반한 과격함을 무기로 각지를 누비고 다닌 탓에 두려움의 대상으로 인식되었다. 따라서 사람들은 '바이킹'과 '해적'을 동일시하곤 했다.

바이킹은 무역 상대와 이주할 지역을 찾아 행동반경을 점점 넓혀 나갔다.

그들의 강점은 뭐니 뭐니 해도 뛰어난 기동력을 자랑하던 배 '롱십(Longship)'이었다. 길이가 20미터에 이르는 그들의 배는 앞

뒤로 높은 뱃머리가 있고 갑판이 없으며 적을 위협하기 위해 용이나 괴수 머리로 장식하고 강렬한 붉은색과 녹색을 칠했다. 선원 16~20명이 노를 저어 배를 움직였으며 노와 돛만으로 10노트 정도의 속도를 냈다. 게다가 범용성이 뛰어나 먼바다에서부터 강까지 종횡무진 이동할 수 있었다. 바이킹은 이 배를 몰고 재빨리 움직이며 각지를 침략했다.

바이킹의 침략이 유럽 역사에 처음 기록된 것은 잉글랜드 북부 린디스판섬 수도원 습격으로 793년의 일이다. 이어 795년에는 스코틀랜드 서북쪽 헤브리디스제도에서 약탈을 일삼는 등 북해 연안을 집중해서 공격했다.

이후 한 세기 반 동안 잉글랜드 외에도 스코틀랜드, 아일랜드, 프랑크왕국 영토 등이 바이킹에게 공격당했다. 어느 날 바닷가에 불쑥 나타난 바이킹은 식량과 재물을 빼앗고 주민을 사로잡아 노예로 만들었다. 바이킹은 12세기까지 침략과 약탈을 자행하며 유럽 각지로 진출했다.

바이킹의 침공 경로는 동서로 나뉘었다. 동쪽의 러시아로 침공한 이들은 바랑기아인, 서쪽의 서유럽으로 향한 이들은 데인인이었다. 노르만인은 아일랜드, 아이슬란드, 그린란드, 북아메리카로 진출했다.

바이킹은 새로 이주한 지역에서 영토를 점령하고 그 지역 영주가 되어 지배권을 획득했다. 바랑기아인 류리크는 러시아로

잉글랜드 북동부 노섬벌랜드주 린디스판섬 수도원 터
이 수도원이 습격을 당한 793년 이후 바이킹의 유럽 침략이 시작되었다.

바이킹의 주거지 롱하우스(Longhouse)

진출해 슬라브 민족을 정복하고 노브고로드공국을 세웠다. 이는 862년의 일이다. 911년에 서프랑크왕국으로 들어간 노르만인 수장 롤로는 센강 하구 유역을 차지했다. 이후 롤로는 서프랑크왕국 왕 샤를 3세(Charles III, 재위 898~923)에 의해 노르망디 공으로 봉해졌다.

훗날 롤로의 후손 노르망디 공작 기욤 2세(Guillaume II, 재위 1035~1087)는 잉글랜드를 정복하고 윌리엄 1세(William I, 재위 1066~1087)로 등극해 노르만왕조를 열었다. 이는 1066년의 일이다. 한편 지중해로 진출한 일파는 이슬람 세력이 지배하던 시칠리아섬을 점령하고 12세기 무렵 로제르 2세(Roger II, 재위 1130~1154)가 시칠리아왕국을 건국했다.

이처럼 바이킹이 활발히 원정 활동에 나선 것은 그들이 만성적으로 토지와 식량 부족에 시달렸기 때문이다. 여기에 점점 증가하는 인구 상황 또한 새로운 거주지를 찾아 나서도록 그들을 내몬 중요한 요인으로 추정할 수 있다. 바이킹 부족 대다수는 장자 상속제를 따랐기에, 부모의 재산을 물려받지 못한 차남 이하 아들들은 스스로 삶을 개척하기 위해 이주자, 상인, 해적이 되어 '신천지'를 찾아 떠날 수밖에 없었다.

또 모험심이 풍부한 바이킹 중에는 노를 저어 대서양을 건너서 아이슬란드와 그린란드, 북아메리카에 상륙하기도 했고 예루살렘을 지나 흑해와 카스피해까지 진출하기도 했다.

몇 세기 동안 바이킹의 위협에 시달리던 유럽 사회에 커다란 변혁이 일어나기 시작했다.

우선, 외적의 침입 위험이 일상이 되자 방어에 집중하기 위해 적극적으로 외부로 진출해야 하는 상업과 교통이 쇠퇴한 대신 자급자족 생활을 하는 농업 중심 경제로 변화했다. 그 과정에서 철제 농기구가 발전하고 삼포식농법을 도입함으로써 농작물 생산이 비약적으로 향상되는 농업 혁명으로 이어졌다.

그러나 바이킹이 유럽 사회에 미친 가장 커다란 영향으로는 봉건제도의 발전을 꼽아야 한다. 봉건제도란 토지를 매개로 맺어진 주종관계로, 신하가 되는 자는 토지와 장원과 신분을 주인에게 보장받는 대신 주인에게 군사적 의무를 져야 하는 상호 계약 관계다.

이런 봉건제도가 왜 바이킹의 침입과 연관 있다는 것일까? 잦은 외적의 침입에 직면하게 되자 멀리 있는 국왕보다 '가까운 곳에 사는 유력자'의 지원이 훨씬 절실하게 필요해졌기 때문이다. 마침 그 시기에 서프랑크왕국은 왕권이 약해짐에 따라 영주들은 상호 계약으로 주종관계를 맺고 외부 침략에 대처했다.

소규모 영주는 더 큰 힘을 가진 특정 지방 영주의 신하가 되었고, 지방 영주는 중앙 귀족과, 중앙 귀족은 국왕과 주종관계를 맺었다. 신하가 자신의 소임을 다하기만 한다면 여러 영주와 계약을 맺어도 무방했기에 중세 유럽 사회에는 층층이 주종관계가 성립했다.

유력한 영주 휘하에는 수많은 가신이 모여들었다. 이로써 세력이 커진 영주는 기사단과 토지를 확보하고 자기 영토 내 지배력을 획득한 '제후'로 성장했다. 이렇게 주종관계가 겹겹이 맺어지는 사이 유럽 봉건제도가 형태를 갖추어 나갔다.

북방 미개척지에서 내려온 바이킹은 기존의 중세 유럽 사회 구조를 완전히 뒤집고 새로운 판을 구성하는 열쇠를 쥐고 있었다.

Road

18

유럽이 중세를 끝내고 근세로 이행하는 계기가 된 십자군의 원정길

'예루살렘 탈환'을 숭고한 명분으로 내걸었으나 탐욕과 야망으로 점철된 추악한 전쟁

수세기에 걸친 바이킹 원정 이후 유럽의 대략적인 판도가 결정되었고 봉건제도가 확립되었다. 유럽 여기저기에 성립된 노르만인 국가가 안정을 찾아갈 무렵 십자군 원정의 바람이 휘몰아치기 시작했다. 11세기 무렵의 일이다.

이슬람 세력에게서 성지 예루살렘을 탈환하고자 일어난 십자군 원정에는 유럽의 국왕과 제후는 물론 수많은 봉건 영주가 참여했다. 200여 년 동안 원정이 진행되는 가운데 그리스도교와 이슬람교의 충돌로 시작된 종교전쟁은 다양한 정치적 · 경제적 이익을 위한 수단으로 이용되기에 이르렀다. 결국 예루살렘은 이슬람교도의 영역으로 남겨졌고 십자군 원정의 실패는 유럽 봉건제도의 붕괴로 이어졌다.

성지 탈환을 촉구한 로마 교황의 속내와 정치적 의도는?

1095년 클레르몽 종교회의에서 로마 교황 우르바누스 2세(Pope Urbanus II, 재위 1088~1099)는 성지 예루살렘을 그리스도교도에게 돌려주어야 한다고 촉구했다. 교황의 발언은 십자군을 결성하는 계기가 되었다.

지중해 동부 연안에 위치한 예루살렘은 그리스도교의 창시자인 예수가 복음을 전파하며 전성기를 구가하고 승천한 땅이기에 그리스도교 신자에게 중요한 성지로 여겨졌다. 이러한 사정을 고려해 이슬람 측은 예루살렘을 자신들의 영토로 편입한 후에도 그리스도교도의 예루살렘 성지 순례에 관용을 베푸는 태도를 보였다.

그러나 소아시아를 거점으로 세력을 확장한 셀주크왕조가 예루살렘을 점령하면서 분위기가 급변했다. 이는 1071년의 일로, 예루살렘 정세는 불안정한 상황으로 치닫다 결국 그리스도교의 성지 순례길이 차단되고 말았다.

당시 국력이 쇠퇴해가던 비잔틴제국은 셀주크왕조의 거센 침입을 막아낼 힘이 없었다. 비잔틴제국 황제 알렉시우스 1세(Alexius I Comnenus, 재위 1081~1118)는 로마 교황에게 도움을 요청했다. 그리스도교 순례자가 박해 받고 있다는 소문이 널리 퍼지고 있음에도 교황 우르바누스 2세가 클레르몽 종교회의에서 선언한 내용은 널리 받아들여지지 않았다. '성지 탈환'이라는 대의명분의 배후에는 신앙심으로 위장한 갖가지 이해관계가 복잡하게 얽혀 있었기 때문이다.

로마 교황도 속내가 복잡했다. 사실 비잔틴제국과 가톨릭은 로마 교황의 존재를 놓고 오랜 세월 대립해왔다. 4세기에 로마제국이 그리스도교를 국교로 공인한 이후 그리스도교는 황제가 교황을 겸임하는 '황제교황주의'를 채택했다. 이 황제는 당시 로마제국의 수도였던 콘스탄티노폴리스에 있었기에 서로마제국 붕괴 후에도 비잔틴제국 황제가 '최고 권위자'로서 그리스도교 세계에 군림해왔다.

그런데 다섯 총대주교구 중 하나인 로마 총대주교구가 서로마제국 멸망 후인 5세기 말에 느닷없이 예수의 첫 번째 제자 베드로의 무덤이 있는 로마의 특수성을 주장하고 나섰다. 그리고 로마 총대주교가 '베드로의 후계자'로서 로마 교황을 자처하기 시작했다.

이로써 동로마제국을 계승한 비잔틴제국의 동방교회와 로마 가톨릭의 서방교회로 분열되어 서로 반목하면서 중세를 맞이했다. 이러한 배경에서 비잔틴제국 황제가 빼앗긴 영토를 되찾기 위한 구원군을 파견해달라고 요청하자 로마 교황은 이 상황을 이용하기로 했다. 우르바누스 2세 교황은 이 기회에 '동서 교회의 통일'을 달성해 자기 지배하에 두고자 했다.

교황 우르바누스 2세가 성지 탈환을 호소한 클레르몽 종교회의가 열린 클레르몽페랑

제각각 사리사욕에 따라 움직인 원정 참가자들

교황의 요청에 응답한 측 역시 각자 계산이 서 있었다. 11세기에서 13세기에 이르기까지 총 일곱 차례 이루어진 십자군 원정에는 왕후장상부터 서민까지 수많은 사람이 참가했다.

그런데 그들이 길고 힘든 원정길을 감수한 것은 순전히 신앙심의 발로 때문이라고 할 수 없다. 길을 나선 이들 각자의 이기적 동기가 다분히 작용하고 있었다.

국왕과 제후는 영토와 전리품을 획득해 지위와 권력을 확대하고자 했으며 기사들은 당장 수중에 떨어질 보수를 절실히 원했다. 봉건제가 정착하며 장자 상속제가 확립되자 장남 이외의 자식은 토지 등의 재산을 물려받을 수 없었기에 밖으로 나가 자기 영토를 스스로 획득할 수밖에 없었다. 실제로 기사로 참전한 사람들은 대부분 차남 이하였으며, 제1차 십자군 사령관으로 성지 탈환 후 예루살렘왕국 초대 국왕 자리에 오른 고드프루아 드부용(Godefroy de Bouillon, 재위 1099~1100) 역시 그런 배경을 지닌 인물이었다.

십자군 원정에 끌려간 서민이 얻을 수 있는 것은 무엇일까? 그들은 성지 탈환에 성공하면 모든 십자군 병사의 죄를 사해준다는 약속과 빚을 탕감해준다는 파격적인 조건에 이끌렸다. 원정에 자금을 제공한 상인들은 무역을 확대하겠다는 목적을 가지고 있었다.

이렇게 현실적인 욕망과 신앙심이 어지러이 뒤섞인 사람들의 열정이 이교도를 향한 적의로 표출되면서 성전(聖戰)이라는 명분으로 대학살과 약탈을 거리낌 없이 자행하는 지경에 이르렀다.

소아시아에 상륙한 십자군은 요격 태세를 갖추지 못한 셀주크 왕조를 무시한 채 약탈과 학살을 반복하고 영내를 휘젓고 다니며 분탕질을 쳤다. 이어 지중해 연안 경로를 통해 예루살렘에 당도하자 일제 공격에 나서 성도를 점령했다. 이 과정에서 이슬람교도와 유대교도 살육이 벌어져 일반 시민 7만 명의 목숨을 앗아갔다.

이렇게 제1차 십자군 원정에서는 예루살렘을 공략한다는 목적을 달성했고 1099년에 예루살렘왕국이 수립되었다. 나아가 십자군이 정복한 지중해 동안 지역에는 기사나 제후를 국왕으로 추대한 '십자군 국가'가 줄지어 세워졌다.

십자군 원정으로 거대한 부를 축적한 여러 도시가 르네상스 발원지가 되었다는데?

십자군 원정이 일곱 차례에 걸쳐 행해지는 동안 예루살렘은 이슬람의 수중으로 돌아갔고 십자군 국가도 차례로 멸망했다. 맘루

십자군 원정로

1096년에 이루어진 최초의 십자군 원정으로 그리스도교 세력은 성지 예루살렘을 탈환했다. 그러나 그 후 장기왕조와 아이유브왕조의 공격으로 예루살렘을 빼앗기며

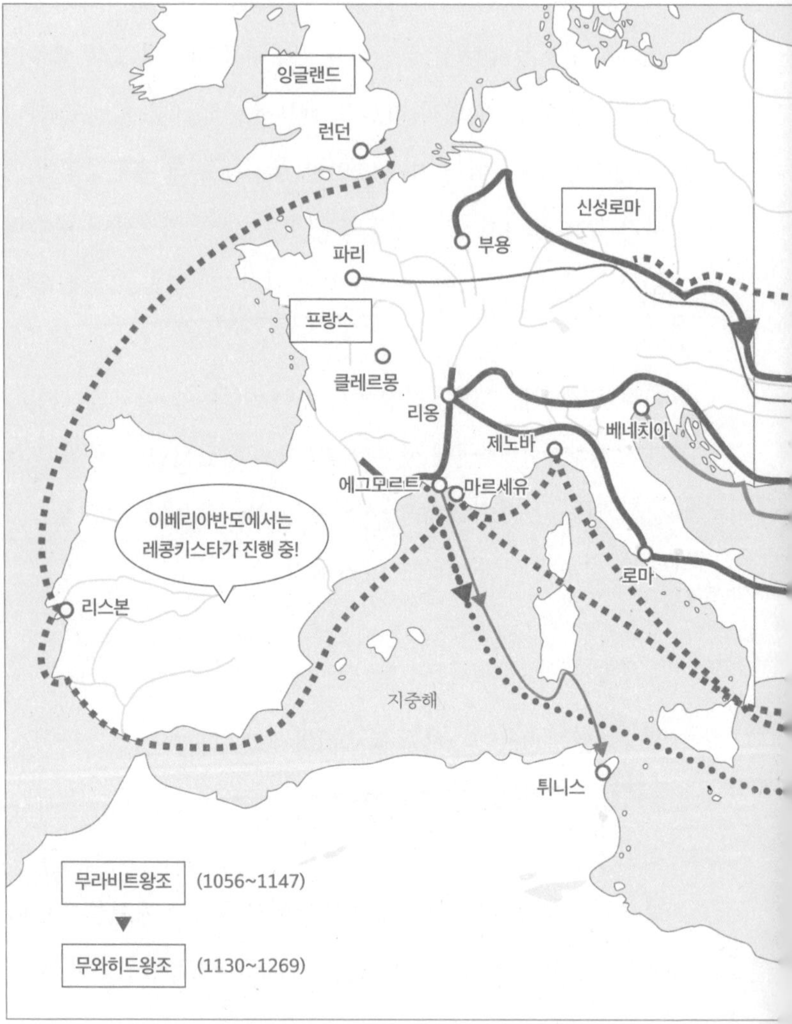

십자군 원정은 중단되었다. 십자군 원정은 총 7회에 걸쳐 단속적으로 이루어졌다. 초반에는 순수한 신앙심을 바탕으로 결성된 원정이었으나 차츰 세속적인 이익을 추구하게 되었다.

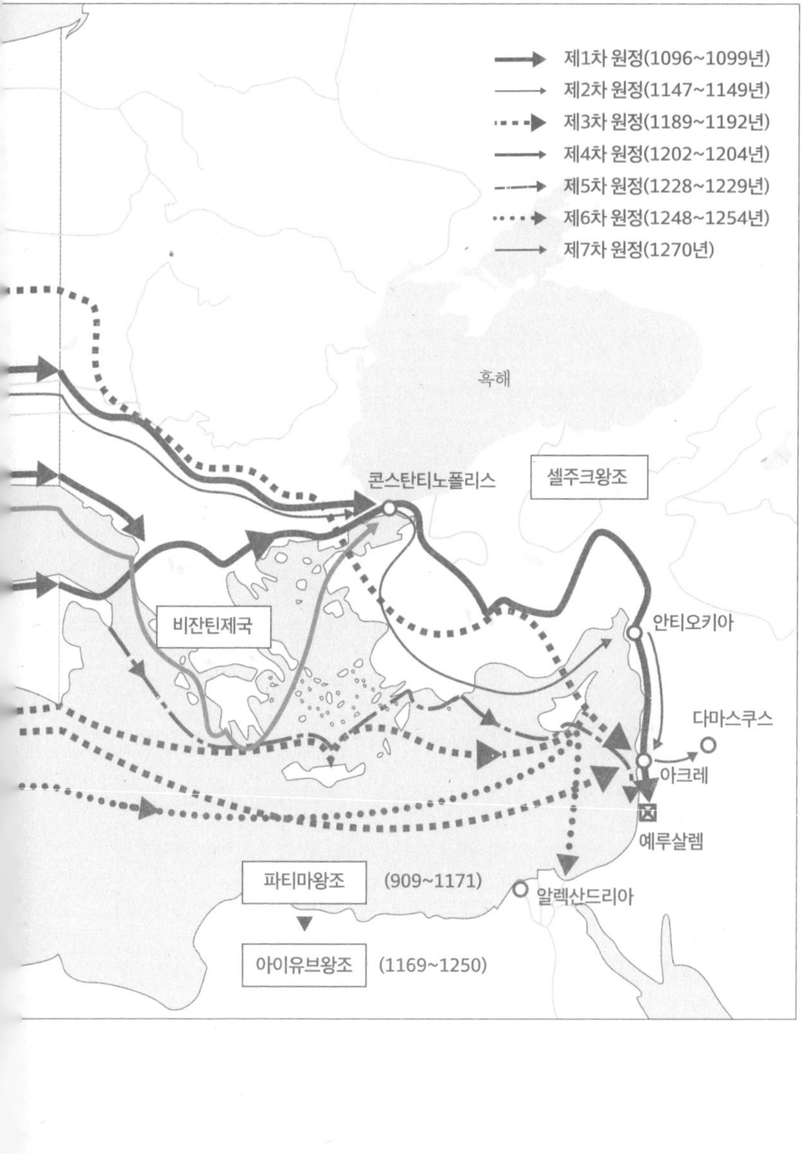

크왕조가 아크레를 함락하면서 십자군 원정은 최종적으로 실패로 끝났다. 이는 1291년의 일이다. 성지 탈환을 내세우며 이슬람 세계를 공략한 결말은 비참했다. 로마 교황의 권력이 흔들리고 제후와 기사는 목숨과 재산을 잃었다. 제각각의 동기를 지닌 채 십자군에 참전했던 이들은 대부분 비극적인 말로를 맞았다.

그런 가운데 이득을 얻은 계층이 있었다. 바로 상인들이다. 봉건제도하에서는 사람들의 이동을 제한했기 때문에 상업이 발전할 수 없었다. 그러나 십자군 원정으로 지중해를 거쳐 '동방으로 가는 길'이 열린 것이다. 이로써 사람은 물론 물자, 자금이 활발하게 오고 가면서 동방 무역이 활성화되었다.

원정의 거점이 된 제노바, 베네치아 같은 이탈리아 항구 도시에는 성지로 향하는 수많은 기사와 팔레스타인에서 들어오는 대량의 물자가 모였다. 특히 베네치아는 십자군 측에 선박과 선원을 대여했을 뿐 아니라 저렴하게 제공하는 대가로 정복지 할양을 요구하는 등 수익성 높은 계약을 체결했다.

1202년 제4차 십자군 원정 때 베네치아는 십자군에게 콘스탄티노폴리스 점령을 요청했다. 비잔틴제국을 밀어내고 라틴제국을 세우려는 목적이었다. 이미 콘스탄티노폴리스를 발판으로 소아시아 연안과 지중해 동남의 이집트를 거점으로 이슬람 세계와 사업을 전개하고 있던 베네치아는 라틴제국을 건국해 세력을 확고히 다지고 동방무역을 독점하고자 한 것이다. 베네치아는 꾸준히 영토를 확장했고 십자군 원정이 종말을 맞이할 무렵 막강한 경제력과 군사력을 갖춘 도시국가로 성장했다.

한편 유럽에서는 '화폐 경제'가 발전했다. 또 상인에게 원정 비용을 빌린 후 갚지 못하는 제후와 귀족이 생겨나면서 봉건제도의 신분 역전 현상이 나타났다. 상공업이 발전하고 도시가 성장하면서 오래도록 유럽 사회에 뿌리 내린 토지를 매개로 한 봉건제도가 붕괴하게 된 것이다.

십자군 원정이 미친 영향은 이러한 사회제도 변혁에 머물지 않았다. 자신이 태어나 자란 지역밖에 모르던 사람들이 타국의 상황, 동방 지역의 정세를 보고 듣고 돌아온 후 새로운 삶의 방식을 고찰하게 되었다. 지중해를 사이에 두고 이슬람 세계와 접촉이 이루어지면서 이탈리아 여러 도시에 '이슬람 문화'가 유입되었다.

이러한 배경에서 거대한 부를 축적한 상인의 후원에 힘입어 르네상스가 시작된다. 바야흐로 세계는 한 시대의 막을 내리고 다음 시대의 막을 올리는 시점에 이르렀다.

Road
19

잉글랜드의 국력 쇠퇴를 초래한 리처드 1세의 귀환길

제3차 십자군 원정을 승리로 이끈 영웅 리처드 1세의 불운

십자군 원정 가운데 가장 규모가 크고 화려했던 것은 제3차 십자군이었다. 12세기 말에 3년 동안 계속된 제3차 십자군 원정은 잉글랜드 왕 리처드 1세(Richard I, 재위 1189~1199), 프랑스 왕 필리프 2세(Philippe II, 재위 1180~1223), 신성로마제국 황제 프리드리히 1세(Friedrich I, 재위 1155~1190)라는 당대 최고의 봉건 군주와 아이유브왕조의 살라흐 앗딘(Ṣalāḥ al-Dīn Yūsuf ibn Ayyūb, 재위 1169~1193)이 맞붙은 격전이었다.

그러나 이 십자군 내부에는 봉건제 특유의 대립 관계가 소용돌이치고 있었다. 십자군 내부 갈등이 마침내 십자군의 붕괴를 초래했고 리처드 1세의 '귀환길'에 불온한 그림자를 드리움으로써 영국과 프랑스 역사에 큰 영향을 미치게 되었다.

잉글랜드·프랑스·신성로마제국 군주가 한꺼번에 참전한 제3차 십자군 원정

십자군이 예루살렘을 점령하고 있던 12세기에 이슬람 세력 측에 변화가 나타났다. 셀주크왕조를 이은 장기왕조에서 두각을 나타낸 쿠르드인 장수 살라흐 앗딘 유수프 이븐 아이유브(살라딘)가 이집트에서 독립해 아이유브왕조를 창시했다. 살라흐 앗딘은 1174년 시리아를 복속하고 1187년 하틴 전투에서 십자군이 다스리던 예루살렘왕국에 승리해 예루살렘을 이슬람 세력권으로 돌려놓았다.

그러자 유럽에서 예루살렘을 다시 탈환해야 한다는 움직임이 일어나며 제3차 십자군 원정군이 결성되었다. 이는 1189년의 일이다. 제3차 십자군은 잉글랜드 왕 리처드 1세, 프랑스 왕 필리프 2세, 신성로마제국 황제 프리드리히 1세라는 3국 군주가 나란히 참전한 대규모 원정이었다.

그러나 원정 도중에 프리드리히 1세가 익사하고 필리프 2세는 아크레 공방전 이후 프랑스로 돌아가버렸다. 마지막까지 팔레스타인에서 지휘봉을 잡고 싸운 군주는 잉글랜드 왕 리처드 1세였다.

리처드 1세는 살라흐 앗딘에게 빼앗겼던 예루살렘 북쪽의 아크레를 필리프 2세와 함께 되찾자 연안을 따라 남하해 예루살렘

프랑스왕국

리처드 1세는 왕위에 있는 동안 프랑스 왕 필리프 2세의 사주를 받은 동생 존의 반항에 계속 시달렸다.

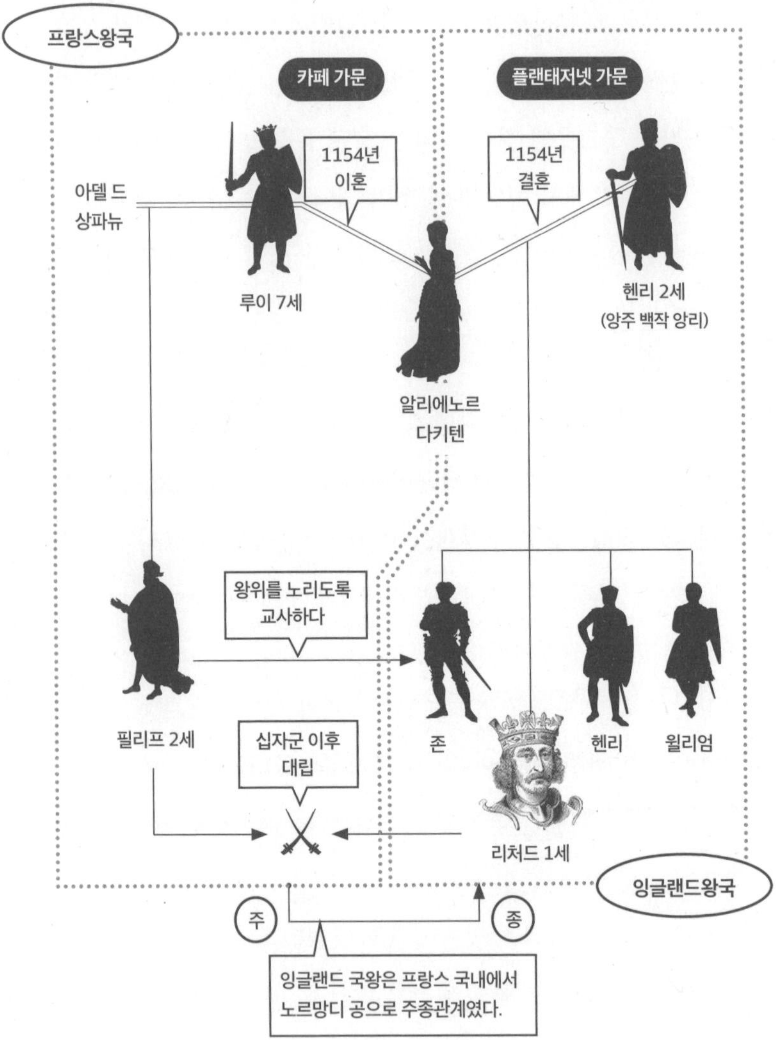

웨스트민스터궁에 세워진 리처드 1세 기마상

서쪽 아르수프에서 살라흐 앗딘을 격파했다. 그 후 살라흐 앗딘의 저항이 끈질기게 이어져 결국 예루살렘을 회복하지는 못했으나, 살라흐 앗딘과 휴전 협정을 체결하고 그리스도교 신자의 성지 순례 허가권을 얻어냈다. 이는 1192년의 일이다.

제3차 십자군 원정의 영웅 리처드 1세는 어쩌다 오스트리아 대공 레오폴트 5세의 포로가 되어 고초를 겪었나

어느 정도 목적을 달성한 리처드 1세가 잉글랜드로 돌아가는 길은 살라흐 앗딘과의 전투에 맞먹는 고난의 길이었다.

시리아에서 출발해 지중해를 건너 베네치아로 향하는 도중 배가 두 번이나 좌초되었다. 리처드 1세 일행은 어쩔 수 없이 아드리아해에 접한 도시 자다르(오늘날 크로아티아)에 상륙했다.

문제는 자다르가 오스트리아 대공 레오폴트 5세(Leopold V, 재위 1177~1194)의 가신이 소유한 영토라는 데 있었다. 신성로마제국 황제 프리드리히 1세가 원정 도중 세상을 떠난 후 레오폴트 5세가 프리드리히 1세의 대리인을 자처해 원정에 참가했다. 그런데 아크레 공방전에서 승리한 이후 영국, 프랑스와 함께 오스트리아 깃발도 도시에 세우려 하자 리처드 1세가 반대하고 나섰다. 이에 격노한 레오폴트 5세가 오스트리아로 돌아가버리면서 양측의 동맹은 깨져버렸다.

리처드 1세는 상륙 후에 자신이 내린 곳이 오스트리아령임을 알았으나 이미 때는 늦었다. 레오폴트 5세에게 사로잡힌 리처드 1세는 빈 근처 뒤른슈타인성으로 이송되었다. 그리고 도나우강과 마인강을 거쳐 신성로마제국의 새로운 황제 하인리히 6세(Heinrich VI, 재위 1191~1197)에게 인도되어 트리펠 요새에 유폐되었다.

리처드 1세에게는 15만 마르크(은 10만 파운드)라는 거액의 몸값이 매겨졌고 몸값을 내야 석방한다는 조건이 잉글랜드 측에 전해졌다.

이 모든 상황을 누구보다 환영한 이가 있었다. 바로 프랑스 왕 필리프 2세였다. 당시 잉글랜드 왕은 한 나라를 다스리는 국왕이지만 프랑스에서는 프랑스 국왕의 신하에 해당했다. 즉 봉건제 특유의 '미묘한 관계'가 프랑스와 영국 사이에 형성되어 있었던 것이다.

잉글랜드는 1066년 노르만인이 정복하면서 성립된 국가다. 잉글랜드 정복을 달성한 노르만왕조 초대 왕 윌리엄 1세는 프랑스의 샤를 3세에게서 봉토를 하사받은 노르망디 공 기욤이었다. 이후 대가 끊어진 노르만왕조를 프랑스 서부의 앙주 백작(노르만왕조 혈통을 물려받은 플랜태저넷 가문의 앙리)이 이어 헨리 2세(Henry II, 재위 1154~1189)가 되었다. 이는 1154년의 일로, 헨리 2세의 아들

중 하나가 리처드 1세였다.

리처드 1세와 필리프 2세는 질긴 인연으로 묶여 있었다. 리처드 1세의 어머니 알리에노르 다키텐은 광대한 영토를 소유한 아키텐 가문의 후계자로 본래 필리프 2세의 아버지 루이 7세의 아내였다. 제2차 십자군 원정으로 루이 7세와 사이가 틀어진 알리에노르는 프랑스 국왕과 이혼한 후 당시 앙주 백작이던 헨리 2세와 재혼하고 리처드를 포함해 네 명의 자식을 낳았다.

그래서 당시 잉글랜드는 대륙의 프랑스왕국 내에 넓은 영지를 보유하고 있었으며 필리프 2세는 호시탐탐 '영토 회복' 기회를 노리고 있었다.

필리프 2세의 계략과 리처드 1세의 비극, 그리고 존 왕의 실정

필리프 2세는 십자군 원정으로 잉글랜드 국왕이 자리를 비운 틈을 이용해 리처드 1세의 동생 존에게 눈독을 들였다. 필리프 2세는 군사를 움직여 노르망디 각지를 점령하는 한편 존에게 리처드 1세를 몰아내면 잉글랜드 왕과 앙주 백작 후계자 지위를 프랑스 국왕의 이름으로 보증하겠다는 의사를 내비쳤다.

리처드 1세의 충신들이 존의 음모를 간파하고 국왕을 구출하기 위한 몸값을 마련하기 위해 분주히 나섰다. 왕의 몸값은 국고

루이펠릭스 아미엘, 〈존엄왕 필리프 2세〉
1837, 캔버스에 유채, 90×72cm, 베르사유궁미술관

를 탈탈 털어도 마련하기 어려운 거액이었기에 성직자와 속인, 신분과 지역을 막론하고 모든 국민에게 과세해 어떻게든 몸값을 마련하려 안간힘을 썼다.

가까스로 석방된 리처드 1세는 1194년 조국으로 돌아온 후 필리프 2세에게 복수하기 위해 곧장 다시 전쟁에 나섰다. 왕이 다시 자리를 비운 잉글랜드에서는 프랑스와의 전쟁을 위한 자금과 군대를 모으느라 애를 먹었다.

그러나 리처드 1세는 1199년에 샬뤼 샤브롤 공성전에서 당한 부상으로 허망하게 세상을 떠나고 말았다. 리처드 1세는 제3차 십자군 원정의 영웅이었지만 짧은 치세 동안 원정 비용에 더해 몸값 마련으로 정부와 국민에게 무거운 경제적 부담을 떠안겼다. 이로써 잉글랜드의 국력은 눈에 띄게 약해졌다.

리처드 1세에 이어 존(John, 재위 1199~1216)이 결국 왕위에 올랐다. 형을 밀어내고 왕좌를 차지하려고 했던 존은 몹시 어리석은 인물이었다. 국운이 기울고 있던 잉글랜드에게 이는 무척 불행한 일이었다. 존 왕은 잉글랜드 영토인 프랑스 남서부 아키텐 북부에서 벌어진 지역 호족 싸움에 필리프의 법적 군사 개입을 허용해 프랑스 영내에서 앙주 가문의 위신은 바닥으로 추락했다. 여기에 더해 존은 프랑스 왕의 신하에게서 약혼자를 빼앗아 결혼했다. 프랑스 법정의 소환을 거부한 존은 무력시위를 벌였고 프랑스 영내에서 신뢰를 잃었다.

결국 프랑스 궁정은 존이 리처드 1세에게 상속받은 대륙의 영토를 몰수하겠다고 선언함으로써 잉글랜드는 대륙의 영토를 '상실'했다.

존의 별명은 '무지왕(無地王, John Lackland)'이었다. 원래는 아버지에게 봉토를 물려받지 못해 붙여진 별명이었는데 왕이 된 후에 드넓은 영토를 어이없이 잃어버린 국왕이라는 이중적인 의미에서 조롱을 담아 부른 별명이 되었다. 그 후 잉글랜드에서는 그의 이름을 물려받은 왕이 없었기에 '존 ○세'라는 이름으로 불리지 못했다.

리처드 1세가 십자군 원정을 마치고 집으로 돌아오는 험난한 여정은 앙주왕국이 붕괴하는 데 있어 결정타가 되고 말았다.

Road

20

세계사를 바꾼 가장 공포스러운 길, 페스트 로드

인류 역사상 가장 무서운 질병이 역설적으로 르네상스·종교개혁 등 근본적 변화의 계기로 작용하다

십자군 원정이 종말을 맞이하고 도시 경제가 발달하기 시작한 무렵 정체불명의 병마가 유럽을 덮쳤다. 이 병에 걸린 환자는 온몸에 검은 반점이 생겨 고통스럽게 신음하다 죽어갔다.

중앙아시아에서 발생해 사람들을 죽음의 공포에 몰아넣는 '사신(死神)'과 같았던 이 병이 유럽에 상륙하자 3,000만 명이 넘는 사망자가 생겨나며 유럽 사회는 대혼란에 빠졌다. 사람들의 정신세계를 지배하던 교회는 맹위를 떨치는 감염병 앞에 속수무책이었다. 죽음이 빈부귀천을 가리지 않고 덮쳐오는 가운데 사람들이 맹목적으로 믿고 의지하던 교회가 무기력한 모습을 보이자 교회의 권위가 땅에 떨어졌다. 이로써 훗날 종교개혁의 밑바탕이 다져지기 시작했다.

유럽 전역을 휩쓸며 3,000만 명 이상의 목숨을 앗아간 무시무시한 감염병 페스트

세계사를 크게 뒤바꾼 '길' 중에서 가장 공포스러운 길을 꼽아보라면 무엇을 들 수 있을까? 피로 물든 크고 작은 전쟁보다도 더욱 가혹했던 것으로 '페스트 로드', 이른바 '흑사병'으로 알려진 감염병 전파 경로를 첫손가락으로 꼽아야 할 것이다.

쥐에 기생하는 벼룩이 매개체가 되어 사람에게서 사람으로 전염되고 감염자는 패혈증을 일으켜 온몸에 검은 반점이 생기고 많은 경우가 사흘 안에 사망했다. 항생제도 없고 치료법도 확립되지 않았던 당시 페스트의 치사율은 60~100퍼센트에 달했기에 이 병에 걸렸음을 알게 되는 순간부터 그저 죽음을 각오하는 수밖에 없었다.

세계사에는 페스트 대유행이 여러 차례 기록되어 있다. 그중 특히 막대한 피해자를 낳은 것은 14세기에 발생한 최초의 대유행이었다.

이 시기 페스트는 1338년 무렵 중앙아시아에서 발단했다고 추정된다. 카자흐스탄 남동부 발하시호 남안 주변으로 페스트가

피터르 브뤼헐, 〈죽음의 승리〉
1562~1563, 패널에 유채, 117×162cm, 프라도 미술관, 마드리드
14세기에 창궐한 페스트로 유럽 인구의 3분의 1이 사망했다고 전해진다.
이러한 참상을 겪은 이후 '죽음'을 주제로 한 예술 작품이 많이 등장했다.

퍼진 것은 1345년 무렵이다. 이듬해에는 남서쪽으로 600킬로미터 이상 떨어진 타슈켄트에 이르렀고 타슈켄트에서 페스트의 경로가 두 갈래로 갈라졌다. 첫째 경로는 카스피해 남안 테헤란을 거쳐 흑해 남동부 트라브존에 상륙했다. 이는 1348년의 일이다. 둘째 경로는 아라비아해 북부 아랄스크에서 카스피해 북부 아스트라한을 거쳐 흑해에 접한 크림반도 카파에 이르렀다.

유럽에 공포를 전해준 것은 둘째 경로다. 당시 카파는 이탈리아 도시국가 제노바의 식민지로 선주민인 타타르인이 제노바의 요새를 포위하고 양측이 맞서 전투를 벌이는 중이었다. 그런데 전투 도중에 타타르인이 페스트에 걸려 사망한 병사의 시신을 제노바 요새로 던져 넣었다.

이렇게 해서 이탈리아인이 유럽 최초로 페스트에 걸렸다. 카파 사람들은 도시를 버리고 도망쳤다. 카파 사람들을 실은 배는 콘스탄티노폴리스와 시칠리아를 거쳐 제노바로 돌아갔는데, 중간에 들른 도시에서도 페스트균이 퍼져 나가기 시작하면서 감염이 여러 방면으로 확산되었다. 페스트는 제노바에 본격적으로 상륙한 이후 세계적 대유행(팬데믹)으로 발전했다.

페스트는 대도시 콘스탄티노폴리스를 휩쓴 것은 물론 콘스탄티노폴리스 항구를 드나드는 각지에서 온 배를 타고 확산되었다. 페스트균은 이듬해에 몰타섬, 튀니스, 이집트까지 집어 삼켰다.

페스트가 먼 지역까지 빠른 시간 내 확산되는 데 결정적인 영향을 미친 것은 무역상인의 선박이었다. 제노바 선박은 그리스의 아테네, 사르데냐섬, 코르시카섬, 엘바섬 등 이탈리아 주변 지역뿐 아니라 프랑스 남부 마르세유와 스페인의 발렌시아에도 정박했고 배가 들른 지역마다 속속 감염이 확인되었다. 페스트균이 파리를 거쳐 도버 해협을 건너고 잉글랜드 남부에 상륙해 북상하며 런던과 아일랜드까지 퍼져 나간 것은 1348년의 일이다.

페스트 팬데믹은 왜 중세 유럽에서 절대적인 권위와 영향력을 가진 교회에 치명타를 입혔나

페스트로 3,000만 명이 넘는 사람들이 죽었지만 당시 의학으로는 아무것도 할 수 없었다. 사망자가 속출하자 극도의 불안과 공포를 느낀 사람들은 교회에 의지해 간절히 기도했다. 그러나 교구를 관장하는 신부들마저 페스트 환자를 돌보거나 기도를 드리는 동안 페스트균에 감염되어 줄줄이 세상을 떠났다. 교회는 오히려 감염을 퍼뜨리는 페스트 소굴이 되었다. 사제들이 차례차례 쓰러지자 감염될까 두려워 환자와의 접촉을 피하고 신자를 내팽개친 채 도망치는 고위직 성직자도 나타났다. 교회에 가서 기도를 올리는 것은 아무 소용이 없었고 사망자는 날로 늘어만 갔다.

페스트가 덮친 베네치아에서는 감염자를 주변 섬의 수용소로 이동하는
격리 조치가 이루어졌다.

사람들의 생활을 속박하던 교회와 로마 교황이 페스트 앞에서 한없이 무력하다는 사실이 드러났다. 성직자조차 당시의 교회와 교단을 향한 믿음에 회의를 느끼기 충분했다.

그러나 독실한 신자들은 믿음을 버리지 않았다. 독일에서는 페스트 유행을 속죄를 위해 신이 내린 시련이라고 주장하며 채찍으로 자기 몸을 때리면서 고행하는 집단이 등장했다. 고행자 무리는 피가 날 때까지 자기 몸을 채찍질하는 속죄 수난극을 보여주며 유럽 각지를 순회했다.

페스트 대유행은 중세 사회에서 가장 큰 권위를 가졌던 교회의 영향력이 차츰 줄어들고 교회 운영과 막대한 성당 건설비용을 위해 발행하던 면죄부를 향한 회의적인 시각이 퍼져 나가는 촉매로 작용했다.

돈을 내면 죄를 용서받을 수 있다는 허울 좋은 사탕발림을 강력히 비판하고 나서면서 종교개혁의 선구자가 된 신학자 마르틴 루터가 역사 무대에 등장했다. 죽음이 일상이 되자 예술 분야에서는 사신의 도래를 주제로 한 회화 양식 '죽음의 무도(舞蹈)'가 탄생했다.

페스트 로드는 수많은 사람들의 목숨을 앗아간 공포의 길이었다. 그리고 이 길을 따라 교회를 매개로 한 '인간과 신의 관계'에 의문을 제기하는 현상이 일어나기 시작했다. 이후 유럽 세계는 종교개혁을 겪으며 다시 한바탕 뒤집히게 된다.

Road

21

파괴와 학살을 통해 유럽 국가에 번영의 길을 열어준 몽골제국의 원정길

몽골제국의 침략과 지배가 없었다면 '신항로 개척시대'도 없었다?

유럽에서 십자군이 원정을 반복하던 무렵 문화적으로 다소 뒤처진 지역이던 아시아 초원지대에서 몽골제국이 강렬한 기세로 발흥했다.

1206년 칭기즈칸(Chingiz Khan, 재위 1206~1227)이 즉위하면서 건국한 몽골제국은 칭기즈칸의 손자 쿠빌라이(Khubilai, 재위 1260~1294, 원(元) 세조, 재위 1271~1294) 시대에 이르러 광활한 유라시아 대륙을 장악해 이슬람 세계와 동유럽을 손에 넣고 서유럽 세계와 경계를 접할 정도로 성장했다. 북방 유목민이 내달린 '유라시아 원정길'은 살육과 파괴로 초토화가 이루어진 한편에서 동서 교류가 사상 유례없이 활발해진 '세계화 시대'의 문을 열었다.

'세계의 군주'라는 의미의 '칭기즈칸' 칭호를 스스로 부여한 야심만만한 테무친

예부터 중국 북방 초원지대에는 흉노로 대표되는 유목 민족이 할거하면서 수시로 풍요로운 남방에 출몰해 약탈을 일삼았기에 중국 왕조의 오랜 골칫거리였다. 9세기 중반, 초원지대 한구석인 몽골 고원에는 몽골족, 타이치우드족, 케레이트족 등 여러 부족이 북적거렸고 중국 왕조는 이들을 통합한 거대 세력이 나타나지 않도록 대립을 조장하곤 했다.

그런 상황에서 몽골족의 테무친이 두각을 나타내기 시작했다. 이는 12세기 말의 상황이다. 테무친은 몽골 고원의 여러 부족을 하나로 규합한 후 1206년에 몽골제국을 수립했다. 그리고 '세계의 군주', '위대한 왕'이라는 의미의 '칭기즈칸'이라는 칭호를 스스로 부여했다.

칭기즈칸은 당시 화북 지방을 장악한 여진족이 세운 정복 왕조 금(金)나라를 공격하면서 중앙아시아의 서하, 타타르, 위구르 등으로 원정을 개시해 서쪽으로 영토를 확장해 나갔다. 칭기즈칸의 정복 활동은 아들 세대로 이어졌다. 후계자가 된 칭기즈칸의 셋째 아들 오고타이(Ogotai Khan, 재위 1229~1241)는 조카 바투와 훌라구를 서방으로 파견하는 한편으로 금나라를 멸망시키고 화북을 정복해 제국 영토에 편입시켰다.

오고타이한국의 수도였던 카라코룸

몽골제국의 원정길

몽골 고원에서 발원한 기마민족인 몽골족은 칭기즈칸의 주도로 몽골제국을 건국하고 유라시아 대륙 각지를 침공해 거대한 영토를 구축했다.

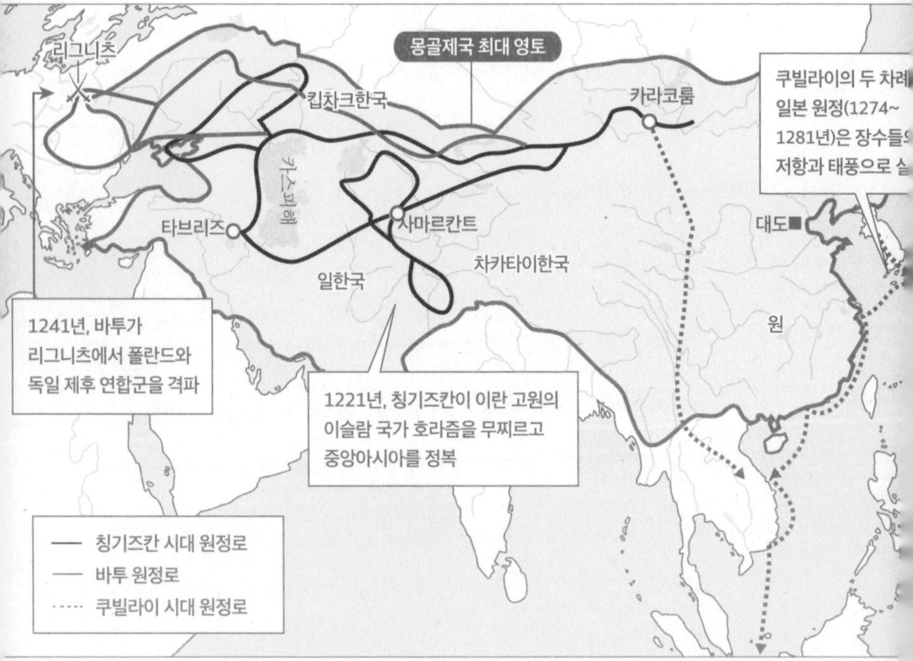

서방으로 진출한 바투는 중앙아시아와 러시아를 제패하고 폴란드, 헝가리까지 진출해 1241년 리그니츠 전투에서 폴란드 기사단을 격파했다. 훌라구는 서아시아 방면으로 진출해 이슬람 계통인 아바스왕조를 멸망시켰다. 이처럼 오고타이 시대 몽골제국 정복자들이 달린 길은 아시아에서 중동, 서유럽에 이르는 '실크로드'와 상당 부분 겹쳤다.

유라시아 전역을 지배할 정도로 세력이 커진 몽골제국은 곧 심각한 문제에 맞닥뜨렸다. 그것은 바로 드넓은 영토를 일원화해 지배할 수 있느냐는 것이었다. 몽골 세력권으로 편입된 지역은 그 민족도, 문화도 모두 제각각이었다. 여기에 칭기즈칸의 자손들 사이에서 후계자 자리를 노리는 세력 경쟁까지 치열하게 전개되었다.

몽골제국은 수도 카라코룸에 있는 대한국을 중심으로 여러 한국(汗國)으로 분할해 통치하기로 했다. 그러나 점차 각 한국이 독립하려는 움직임이 시작되어 몽골제국 제5대 황제 쿠빌라이 시대에 차가타이한국, 일한국, 킵차크한국, 오고타이한국이라는 네 개 한국이 독립했다. 쿠빌라이는 수도를 카라코룸에서 오늘날의 베이징인 대도로 옮기고 국호를 중국식으로 '원(元)'이라고 했다.

원나라는 1271년 대도에 도읍한 이후 1368년 주원장을 중심으로 한 한족에게 밀려날 때까지 100여 년 간 중국화를 진행했다. 이와 마찬가지로 다른 한국도 차츰 현지 문화에 동화되었다.

경이로운 속도로 유라시아 대륙을 정복한 몽골제국의 비결은 바로 그 '경이로운 속도'였다?!

드넓은 유라시아 대륙을 비교적 짧은 시간 내에 장악할 수 있었던 몽골제국의 힘은 어디에서 나왔을까? 그 주된 힘은 기마민족 특유의 기동력에 있었다.

당시 군대는 주로 기병과 보병으로 편성되었다. 그런데 몽골군은 부대 전체가 기병이었다. 그리고 말이 지칠 때를 대비해 한 사람당 갈아탈 말을 여러 마리씩 준비해서 이동했다. 일반적으로 군대 이동 속도는 하루 20킬로미터 정도였으나 몽골군의 진격 속도는 하루에 60킬로미터로 경이로운 수준이었다.

또 유목민족인 몽골군 후방에는 가족이 함께 다니기도 했다고 전해진다. 따라서 몽골군은 병사들이 가족이나 고향을 그리워하며 사기가 저하되는 것도 어느 정도 막을 수 있었다.

유럽에 번영을 안겨준 '신항로 개척시대'의 길을 열어준 몽골에 의한 세계 평화 '팍스 몽골리카'

몽골군은 항복하지 않고 저항하는 도시를 철저하게 파괴하고 주민을 남김없이 학살하는 등 '파괴와 살육의 사자'로 사람들을 공포에 떨게 만들었다. 그러나 그들이 걸은 정복의 길은 평화를 가져온 길이기도 했다. 몽골제국의 정복을 계기로 '유라시아 대륙이 하나'가 되고 활발한 동서 교류가 이루어졌기 때문이다.

몽골제국이 실크로드의 기점부터 종점까지 전체를 영토에 편입함에 따라 실크로드 양 끝을 잇는 교통로는 제국의 주요 간선 도로가 되었다. 그 이전까지 실크로드에는 수많은 국가가 난립하고 치안이 미치지 않는 사각지대도 많았으나 몽골제국이 정복해 지배하면서 일정한 거리마다 말을 갈아타고 쉬어갈 수 있는 숙박 시설이 정비되어 안전한 여행길이 확보되었다.

또 국경을 지날 때마다 각기 다른 나라에 내던 통행세가 사라지며 교통비가 훨씬 저렴해졌다. 통행세 경감이 무역 활성화로 이어지며 동서 무역이 활발해졌다. 동서 문물만 오간 것이 아니라 이슬람의 지리학이나 역학 등이 아시아에 전해지는 등 아시아, 중동, 서양 문화 교류가 융성했다.

로마 교황 인노켄티우스 4세(Pope Innocentius IV, 재위 1243~1254)의 친서를 든 외교 사절 플라노 카르피니가 몽골을 방문한 것은 1246년의 일이다. 또 1254년에는 프랑스 왕 루이 9세(Louis IX, 재위 1226~1270)의 사자 기욤 드 뤼브룩이 몽골을 방문했다.

이로써 서양에서는 동방을 향한 관심이 점점 높아지면서 이윽고 '신항로 개척시대'로 나아가는 길을 준비하기 시작했다.

Road

22

명나라의 국력을 대외적으로 널리 과시하는 한편 쇠락으로 이끈 정화의 남해 원정길

'동아시아 우위 시대'의 종말을 장식한 명나라의 위대하고도 위험한 대항해

한때 유라시아 대륙에서 가장 넓은 영토를 차지하며 위세를 떨친 원나라(몽골제국)도 그 강력한 힘을 영원히 지속할 수는 없었다. 14세기에 접어들어 국력이 쇠한 원나라를 한족이 밀어붙였다. 원나라는 결국 중국 지배권을 빼앗기고 북방의 몽골 고원으로 쫓겨났다. 그리고 원나라를 몰아낸 일등공신 주원장이 1368년에 명(明)나라를 세웠다.

중국의 지배자로 새롭게 등장한 명나라는 이민족의 지배를 받는 동안 혼란해진 중화 질서의 재편을 목표로 삼고 주변국을 기존의 봉건체제에 편입하고자 노력했다. 그 과정에서 명나라 3대 황제 영락제(永樂帝, 재위 1402~1424)의 측근 정화(鄭和)의 주도로 '남해 원정 항로'를 개척했다.

명나라는 왜 주변국을 상대로 그토록 사활을 걸고 '조공무역'을 추진했을까

원나라 국력이 눈에 띄게 약해지던 때 중국에서는 백련교도가 중심이 된 홍건적의 난이 발생해 각지에서 농민들이 봉기했다. 이는 1351년의 일이다. 반란 세력 중에서 두각을 나타낸 주원장이 이후 반란을 주도해 가다가 1368년에 남경을 수도로 명나라를 건국하고 태조(明太祖, 재위 1368~1398)로 등극했다. 이와 동시에 원나라를 북방으로 몰아내고 중국 통일을 달성했다.

명나라는 곧장 중화제국 위신을 되살리는 데 총력을 기울였다. 몽골식 문화와 조직을 철폐하고 중국이 바로 세계의 중심이라는 '중화(中華)'를 전면에 내걸었다.

이를 위해 명나라가 적극적으로 펼친 정책이 바로 조공무역이다. 조공무역이란 명나라는 주변국에 조공을 요구하고 조공을 바치는 나라에 책봉과 하사품으로 답례함으로써 권위를 과시하는 것이다. 이는 중국과 주변국이 대등한 관계가 아니라는 것을 강조하며 만방에 드러내는 정책이었다.

조공을 바친 나라는 중국 황제에게 왕과 제후 등의 지위를 하사받음으로써 형식적인 '군신 관계'를 체결했다. 이를 '책봉체제'라고 한다.

명나라는 조공무역을 통해 주변국을 책봉체제에 편입시키는 정책을 추진했는데, 조공무역에 특별한 관심을 기울이고 열정을 쏟아부은 황제가 영락제였다.

영락제는 몽골을 친정하는 한편 동남아시아에서 패권을 확립한 대월(베트남)을 정복해 영토를 확대해 나갔다. 베트남 북부를 정복한 영락제는 각지로 환관을 파견해 통치를 맡겼다. 또 티베트와 타이 같은 주변국에 사자를 파견해 조공을 요구했다. 결국 명나라에 조공을 바친 국가는 50여 개 국에 이르렀다.

많은 명나라 사신이 조공을 촉구하는 역할을 맡아 각지로 파견되었는데, 그중 남해로 파견된 인물이 정화였다.

영락제의 명을 받아 남해 원정으로 큰 공을 세운 환관 정화가 이슬람 출신이었다고?

정화의 이름은 남해 원정을 달성한 공을 세운 인물로 널리 알려졌으나 그의 업적 이외에 개인 신상에 관해서는 알려지지 않은 부분이 많다.

정화는 원나라 때 중앙아시아에서 운남으로 이주한 일족 출신으로 전해진다. 말하자면 서역 출신 '색목인'의 자손으로 '마(馬)'라는 성을 썼다. '마'는 '무함마드'를 음역한 이름으로 이슬람교도가 일반적으로 택하는 성이었다.

15세기 초 중국 명나라의 영락제는 환관 정화에게 남해 원정을 떠나도록 명했다.

운남에서 태어난 정화는 명나라가 운남을 정복했을 때 포로로 잡혀 남경으로 연행된 후 환관이 되었고, 훗날 영락제가 되는 연왕(燕王) 주체(朱棣)를 섬겼다.

주체는 1399년 '정난(靖難)의 변'을 일으켜 조카였던 제2대 황제 건문제(建文帝, 재위 1398~1402)에게서 무력으로 황제 자리를 빼앗았고 정화는 무공을 인정받아 '정(鄭)'이라는 새로운 성을 하사받았다. 황제의 인정을 받은 정화는 이후 남해 원정의 사령관으로 임명되었다.

위대한 공을 세웠으나 역설적으로 명나라의 국력을 좀먹고 쇠락의 길로 이끈 정화의 일곱 차례 원정

정화는 대함대를 이끄는 사령관으로 해외 각지 민족에게 조공을 촉구하는 대항해를 일곱 차례에 걸쳐 지휘하면서 '남해 대원정' 항로를 오갔다.

제1차 항해 선단은 대형 선박 62척, 승조원은 2만 7,000명에 달하는 거대한 규모로 꾸려졌다. 대형 선박은 총 길이 150미터 이상, 너비는 약 60미터로 8,000톤급 선박이었다. 제1차 선단은 1405년에 출항했다.

남경 동쪽 류하진에서 출발한 함대는 천주를 거쳐 동중국해와

정화의 남해 원정 항로

명나라 환관 정화는 세계 각지로 나가 명나라에 조공을 촉구하는 대원정을 벌였다. 제1~3차 항해까지는 인도의 캘리컷을 최종 목적지로 삼았으나 제4차 항해 이후부터 호르무즈와 아프리카 등 서쪽으로 더 나아갔다. 마지막 제7차 항해에서는 메카를 순례했다.

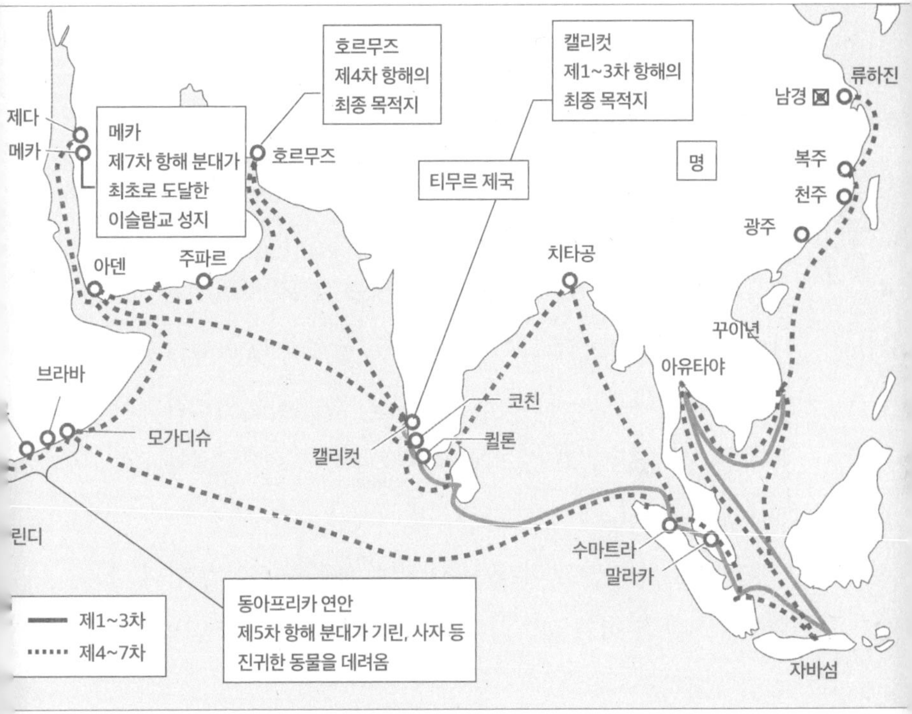

남중국해로 남하해 인도차이나반도 동부에 있는 참파국의 꾸이년을 지났다. 그리고 인도네시아 자바섬의 수라바야로 나가 수마트라섬 남부 팔렘방을 지나 말라카 해협을 통과했다. 말레이시아와 수마트라섬 북부 연안을 지난 후에는 벵골만을 가로질러 실론, 목적지인 인도 서해안의 캘리컷(오늘날의 코지코드)에 도착했다. 제3차 항해까지 같은 항로를 오가며 동남아시아 국가에게 조공을 바치도록 촉구했다.

1413년에 떠난 제4차 원정부터는 지역을 좀 더 확대해 당시 서아시아 무역의 중심지이던 페르시아만 입구의 도시 호르무즈를 목적지로 삼았다. 정화는 캘리컷에서 서쪽으로 더 나아가 호르무즈에 이르렀다. 제5차 원정에서도 본대는 신흥국을 거쳐 호르무즈로 향했는데, 제4차 항해 이후부터 분대를 파견한 것에 주목해야 한다.

제4차 원정 당시 정화가 파견한 분대는 아라비아반도 남부에서 홍해에 접한 아덴에 도착했다. 또 제7차 원정 때 분대는 이슬람교 성지인 메카, 아프리카의 모가디슈, 말린디 등 아프리카 대륙 동안까지 도달해 기린, 사자, 얼룩말 같은 진귀한 동물을 공수했다고 전해진다.

정화의 항해로 많은 국가가 명나라에 조공을 바치기 위해 방문했다. 정화가 이끈 대함대는 각지에서 얻은 특산품을 명나라로 싣고 왔다.

정화가 큰 공을 세운 것은 사실이지만 여러 차례 계속된 대항해가 명나라의 국력을 좀먹었다는 점은 부인할 수 없는 사실이다. 대함대를 꾸리고 파견하는 데 어마어마한 비용이 들은 데다 사절단에게 들려 보내는 하사품 등으로 재정적인 부담이 커졌다. 이에 따라 정화의 대항해 이후 명나라는 대규모 원정 정책을 중단하게 되었다.

조공무역과 책봉체제는 국가가 주도한 해외 원정으로 민간인의 자유로운 해외 무역은 발전하지 못했다는 한계도 있었다. 중국 상인의 무역권은 인도양, 남중국해에 한정되었다. 그 결과 유라시아를 연결하는 '실크로드'에서 중국의 영향력이 후퇴하고, 전 세계에서 활발하게 이루어지던 해상 무역과 문화 교류의 장에서 중국은 한참 뒤처지게 되었다.

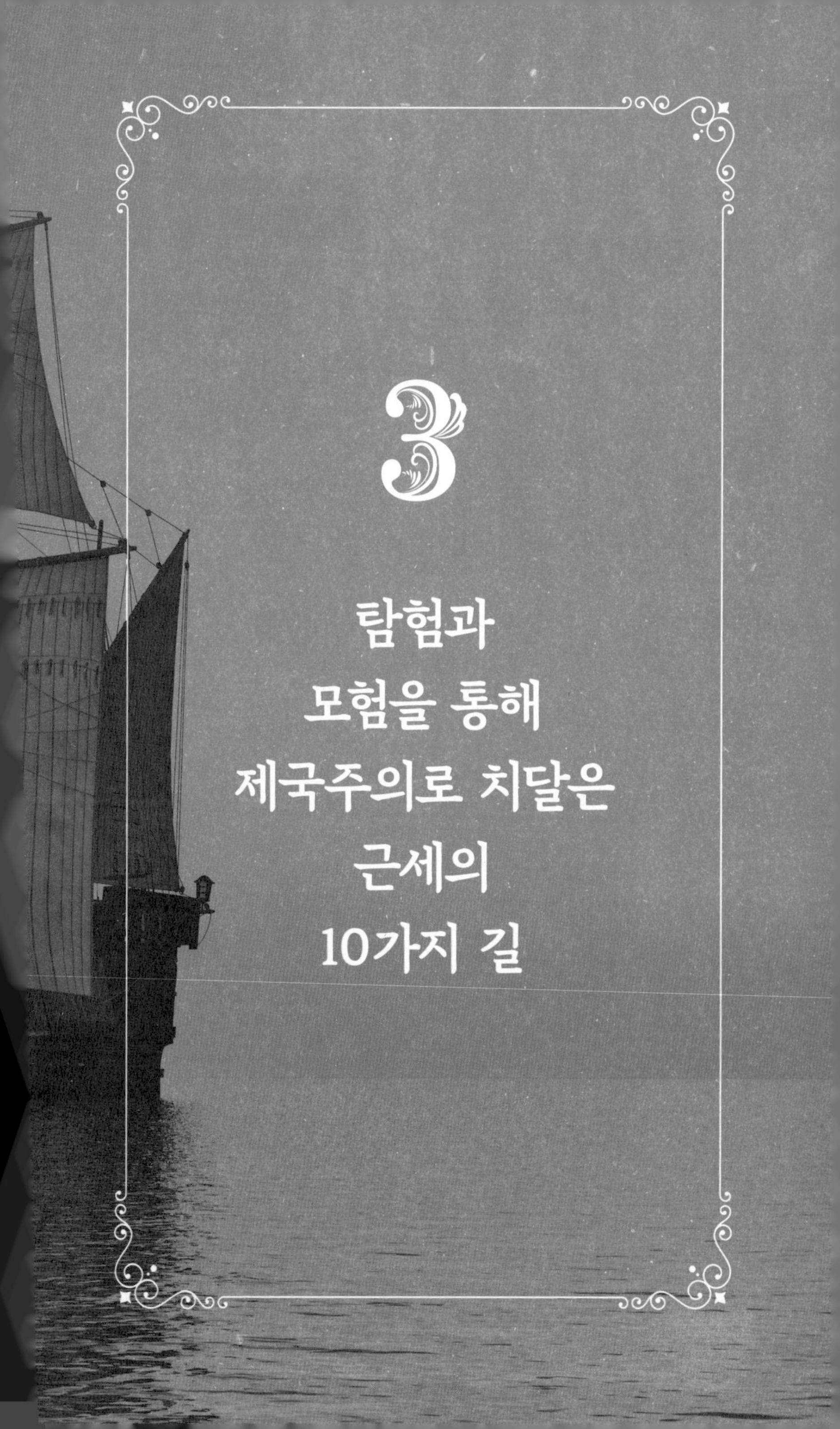

3

탐험과 모험을 통해 제국주의로 치달은 근세의 10가지 길

주요 연표

1455년 잉글랜드에서 장미전쟁이 발발하다.

1456년 구텐베르크가 활판인쇄술을 발명하다.

1469년 피렌체에서 로렌초 데 메디치가 메디치 가문의 당주가 되다.
카스티야 공주 이사벨과 아라곤 왕자 페르난도가 결혼하다.

1477년 합스부르크 가문의 막시밀리안과 마리 드 부르고뉴가 결혼하다.

1479년 스페인왕국이 성립하다.

1480년 모스크바 대공국이 자립하다.

1488년 포르투갈인 바르톨로메우 디아스가 희망봉에 도달하다. ☞ p. 222

1492년 그라나다가 함락되고 나스르왕조가 멸망하다(레콩키스타 완료). ☞ p. 214
콜럼버스가 아메리카 대륙에 도달하다. ☞ p. 230

1494년 토르데시야스 조약이 체결되다.

1498년 바스쿠 다가마가 캘리컷에 도달하다. ☞☞ p. 222

1500년 티무르제국이 멸망하다. ☞ p. 272

1517년 마르틴 루터가 '95개 논제'를 제시하다(종교개혁의 시작).

1519년 마젤란이 세계 일주를 떠나다.

1521년 코르테스가 아스테카제국을 정복하다. ☞ p. 240

1526년 인도에서 무굴 제국이 성립하다.

1533년 피사로가 잉카를 정복하다. ☞ p. 240

1562년 프랑스에서 위그노 전쟁이 시작되다.

1568년 네덜란드 독립전쟁이 시작되다.

1571년	레판토 해전에서 스페인·로마 교황·베네치아 연합군이 오스만군을 격파하다.
1572년	프랑스에서 성 바돌로매 축일의 학살이 발생하다. (가톨릭교도가 신교도를 대량 학살)
1577년	프랜시스 드레이크가 세계 일주 항해를 떠나다. ☞ p. 254
1588년	스페인 '무적함대'가 잉글랜드 함대에 대패하다. ☞ p. 264
1613년	미하일 표도로비치 로마노프가 황제로 즉위하며 러시아 로마노프왕조를 개창하다.
1616년	여진족 누르하치가 후금(後金)을 건국하다.
1618년	신성로마제국에서 30년전쟁이 발발하다.
1642년	잉글랜드에서 청교도혁명이 일어나다.
1648년	베스트팔렌 조약으로 네덜란드, 스위스 독립이 승인되다.
1661년	프랑스에서 루이 14세가 친정을 시작하다.
1683년	오스만제국이 두 번째로 빈을 포위하다.
1740년	오스트리아 왕위 계승 전쟁이 발발하다.
1756년	오스트리아의 마리아 테레지아가 잃어버린 슐레지엔 땅을 회복하고자 7년전쟁을 일으키다.
1775년	미국 독립전쟁이 시작되다. ☞ p. 278
1783년	이 무렵 영국의 노예무역이 최전성기를 맞이하다. ☞ p. 248
1789년	프랑스혁명이 발발하다.
1791년	바렌 도주 사건이 발생하다. ☞ p. 286
1794년	테르미도르의 반동으로 총재정부가 성립하다.

Road

23

신항로 개척시대의 포문을 연 레콩키스타의 길

기독교 세력의 이베리아반도 회복전쟁과 그 전쟁을 지탱한 순례길

유럽 대륙 서남부 끝에 위치한 이베리아 반도는 거의 중세 내내 유럽의 그리스도교 역사에 포함되지 못했다. 이슬람 세력이 이베리아반도를 정복한 것은 711년의 일이다. 이후 800년 가까운 세월 동안 이베리아반도는 줄곧 이슬람의 지배를 받았다. 그 오랜 기간에 그리스도교 측이 이베리아반도를 그냥 내버려둔 것은 아니었다.

그리스도교 진영은 포기하지 않고 끈질긴 저항을 이어갔다. 그 결과 근세가 막을 열 무렵 이베리아반도 세력의 판도가 바뀌었다. '그리스도교의 국토회복운동'을 의미하는 '레콩키스타(Reconquista)'가 꾸준히 전개되는 동안 전쟁에 참가한 기사들의 버팀목이 되어준 존재가 있었다. 바로 '순례길'이다.

레콩키스타를 완성해 800여 년간의 이슬람 지배를 끝내고
근세 유럽사를 주도한 강국 스페인의 기틀을 마련한
이베리아반도의 기독교 세력

게르만 민족의 대이동이 촉발한 혼란 속에서 지중해 연안을 따라 이동해온 서고트족이 이베리아반도에 정착해 서고트왕국을 세웠다. 이는 5세기 무렵의 일이다. 이후 서고트왕국은 수도 톨레도에 대주교좌가 설치되는 등 그리스도교 세계에 편입되었다. 그러나 711년, 북아프리카에서 건너온 이슬람 세력인 우마이야왕조가 서고트왕국을 멸망시켰다.

이로써 이베리아반도 거의 전역을 이슬람교도가 지배하게 되었다. 그 후 이베리아반도에는 후(後)우마이야왕조, 무라비트왕조, 그라나다왕국 등 이슬람 계통 국가가 세워지며 이슬람 문화가 뿌리를 내렸다.

이런 상황에서 그리스도교도가 이슬람의 지배를 고분고분 받아들이고만 있지는 않았다. '이슬람교도에게서 이베리아반도를 되찾자'는 움직임이 일어났는데, 이것이 바로 '레콩키스타'다. 이베리아반도는 7세기라는 긴 세월 동안 그리스도교 세력과 이슬람 세력의 각축장이 되었다.

레콩키스타는 이베리아반도 북부 산악지대로 피신한 그리스도교도가 아스투리아스왕국을 건국하고 반격에 나서면서 시작되었다. 718년 무렵의 일이다. 그러나 그리스도교 진영은 내분과 분열로 하나의 큰 세력으로 규합하지 못하고, 레콩키스타 열기는 달아올랐다가 식기를 반복하며 일진일퇴를 거듭했다.

그렇다고 그리스도교 세력과 이슬람 세력이 오랜 세월 동안 계속 피 튀기는 전쟁을 벌인 것은 아니다. 공존이 성립한 기간도 길었다.

후우마이야왕조가 내분으로 붕괴한 것은 1031년의 일이다. 이후 들어선 이슬람 정권이 안정되지 못하고 여러 소국으로 분열하며 세력이 약해지자 레콩키스타가 본격화되었다.

그리스도교 진영에서는 아스투리아스왕국에서 이어진 레온왕국을 합병한 카스티야왕국, 세력을 키우고 나선 포르투갈왕국, 아라곤왕국이 함께 이슬람 세력에 대항하는 형국으로 전열을 갖추었다. 그리고 카스티야왕국이 이베리아반도 중앙에 자리잡은 주요 도시 톨레도를 점령해 이슬람 세력을 반도 남부로 몰아냈다.

12세기 중반 이후 이슬람 진영 세력이 다시 강해졌다. 무와히드왕조는 북아프리카에서 이베리아반도로 넘어와 피레네산맥에 접근하며 그리스도교 진영을 압박했다. 그러자 그리스도교 진영은 십자군의 지원을 받아 서서히 남진해 국토를 회복했다. 이제 이슬람 세력은 이베리아반도의 남쪽 끝 그라나다를 중심으로 한 그라나다왕국만 남고 이베리아반도 대부분은 아라곤, 카스티야, 포르투갈 세 왕국이 지배하게 되었다. 이는 13세기의 상황이다.

카스티야왕국 공주 이사벨과 아라곤왕국 왕자 페르난도의 결혼이 레콩키스타의 커다란 변곡점이 되다

레콩키스타가 커다란 변곡점을 맞이하는 시기가 찾아왔다. 바로 카스티야왕국 공주 이사벨과 아라곤왕국 왕자 페르난도가 결혼한 것이다. 이는 1469년의 일이다. 양국 차기 군주가 결혼함으로써 1479년 두 나라가 합병해 스페인왕국이 탄생했다.

얼마 후 스페인왕국은 나스르왕조가 지배하는 그라나다왕국을 포위하며 압박했고 그라나다왕국의 왕 무함마드 12세(Muhammad XII, 재위 1482~1483, 1487~1492)는 결국 항복을 선언했다. 1492년의 일이다. 이로써 7세기라는 오랜 시간 지속되어온 레콩키스타가 완료되고 근세 유럽사를 주도한 강국 스페인의 원형이 갖추어졌다.

한편 이때는 1453년에 콘스탄티노폴리스가 함락되면서 동방무역로가 단절된 시기이기도 했다. 이러한 상황에서 이베리아반도의 그리스도교 세력은 대서양 바깥으로 눈을 돌려 신항로 개척에 나섰다.

레콩키스타를 달성하고자 분투하는 기사들에게

든든한 버팀목이 되어준 산티아고데콤스텔라 순례길과 성지

800년 가까운 기간 동안 세력을 과시한 이슬람 진영에 맞서 싸운 레콩키스타의 길은 그리스도교의 굳건한 믿음 없이는 걸을 수 없는 험난한 가시밭길이었다. 영원히 계속될 것만 같은 참혹한 전투를 기사들이 버텨낼 수 있게 한 정신적 힘은 어디에서 왔을까? 그것은 바로 오늘날에도 유명한 세계유산 산티아고데콤포스텔라 순례길이었다.

803년, 스페인 북부 갈리시아 지방에서 발견된 한 시신이 그리스도의 열두 사도 중 한 사람인 성 야고보라는 주장이 제기되면서 산티아고데콤포스텔라가 새로운 성지로 탄생했다.

성인의 유해 발견은 그리스도교 세계에서 엄청난 사건이었다. 중세는 성인의 유해와 성 유물을 향한 믿음이 강한 시대였다. 신도들은 성스러운 유해와 유물을 모신 성당과 성지를 목표로 순례 여행에 나섰다. 레콩키스타의 무대이던 산티아고데콤포스텔라는 예루살렘, 로마와 나란히 가톨릭의 '3대 순례지'로 자리매김했다.

파리와 낭트, 니스 같은 프랑스 각지에서 피레네산맥을 넘어 산티아고데콤포스텔라에 이르기 위해서는 고대 로마시대에 닦아놓은 길을 지나야 했다. 1,000킬로미터 가까이 되는 멀고 먼

레콩키스타의 길

이슬람 세력에게 빼앗긴 이베리아반도를 탈환하려는 레콩키스타가 10세기 이후 본격적으로 시도되었다. 그리스도교 진영은 서서히 남하했고 1492년 그라나다 함락을 기점으로 이베리아반도를 회복했다.

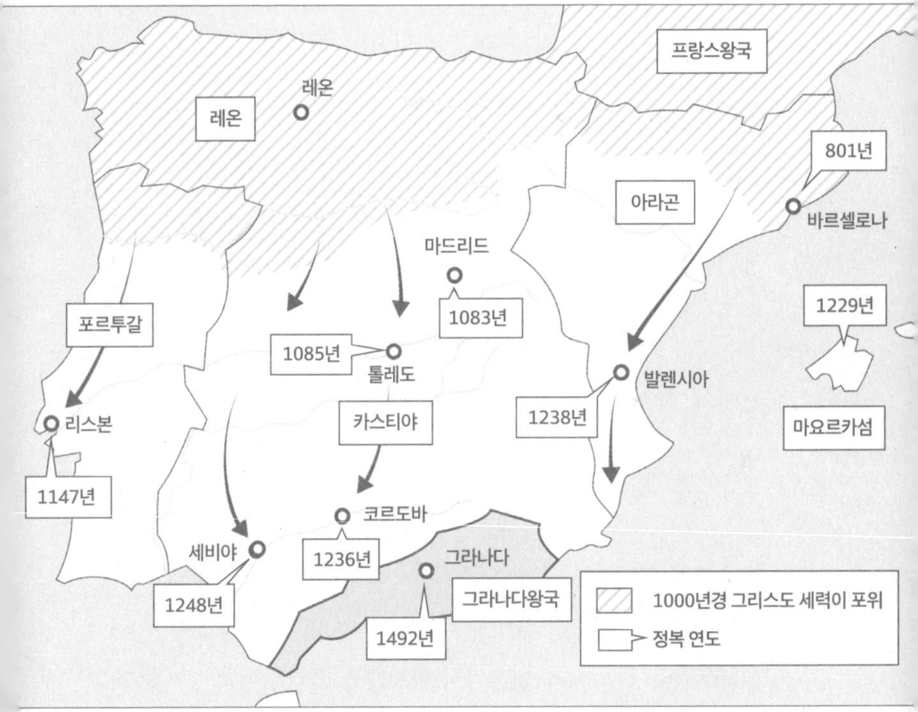

프란시스코 프라디야 오르티스, 〈그라나다의 항복〉
1882, 캔버스에 유채, 330×550cm, 스페인 상원의회, 마드리드
1492년 그라나다 함락 장면으로 그림 중앙에 말을 탄 남성이
카스티야-레온 왕 페르난도 5세, 그 옆에 여성이 아내 이사벨 1세다.

전체 여정 도중 도적과 늑대의 습격으로 목숨을 잃는 순례자가 부지기수였다. 그럼에도 사람들은 믿음을 지키기 위해 전쟁터에 나서는 기사들을 후원하는 마음으로 묵묵히 순례길을 걸었다.

기사들은 순례길과 성지를 지키기 위해서라도 레콩키스타를 반드시 달성해야 할 일로 여길 수밖에 없었다.

Road
24

지중해 끝자락의 작은 나라 포르투갈을 단숨에 세계사의 중심에 서게 한 엔히크 왕자의 인도 항로 개척의 길

포르투갈은 어떻게 신항로 개척시대의 선구자가 되었나

십자군 원정과 몽골군 침입을 경험하면서 유럽에서는 동방을 향한 관심이 부쩍 높아졌다. 이러한 분위기를 더욱 달군 것은 이탈리아 상인이자 여행가인 마르코 폴로였다. 그의 구술을 토대로 작성된 여행기 『세상에 대한 서술(Livres des Merveilles du Monde)』(흔히 말하는 '동방견문록')은 동방의 부유함을 대중에게 각인시키는 역할을 했다.

그런데 지중해를 사이에 두고 이루어지던 동방 무역에는 커다란 걸림돌이 버티고 있었다. 바로 '오스만제국'이었다. 따라서 이베리아반도를 장악한 스페인·포르투갈 양국은 이슬람교도와 오랜 전쟁을 치르고 문화적으로 교류하며 축적한 항해 기술을 활용해 동방 세계로 직접 연결하는 '새로운 길'을 찾아 나섰다.

마르코 폴로의 여행기에 자극을 받은 유럽인이
금은보화와 비단보다 더 간절히 얻고 싶어 했던 상품은?

마르코 폴로는 여행기에서 동방에는 어마어마한 금은보화와 비단 등 진귀한 것이 많다고 소개했다. 그러나 당시 유럽인이 특히 눈독을 들인 것은 따로 있었다. 바로 향신료였다. 그중에서도 후추는 황금보다도 비싼 값에 거래되는 귀중품이었다. 유럽인은 혹여 후춧가루가 바람에 날릴까봐 문과 창을 꼭꼭 닫아 걸고 후추를 한 알씩 조심스레 집어넣으며 요리할 정도로 후추를 대접했다. 후추는 음식에 풍미를 더하는 단순한 기호품이 아닌, 식육의 부패를 방지하는 필수품이었기 때문이다.

동방 무역은 이슬람 상인과 이탈리아 여러 도시의 상인이 지중해라는 무대에서 오래도록 독점하고 있었다. 그러나 오스만제국의 힘이 강성해지면서 지중해를 오가는 동방 무역로가 차단됨에 따라 동방에서 들여오는 상품 가격이 치솟았다. 그러자 유럽 각국은 동방 국가와 직접 무역할 방법을 모색하기 시작했다.

게다가 유럽에는 동방에 사제 요한이 세운 신비로운 그리스도교 왕국이 존재한다는 전설이 퍼져 있었다. 이 그리스도교 왕국과 손잡고 이슬람 세력에 대항하자는 기운이 고조되며 그리스도교 세계를 확장하려는 교회 또한 동방을 향한 열기를 후원했다.

이러한 관심과 열망을 현실적으로 뒷받침한 기술 발전이 없었다면 이는 모두 사람들의 상상 속에서만 가능했을 터였다. 당시에는 나침반이 개량되는 등 기술 혁신이 이루어지면서 항해술이 부쩍 진보했으며 조선 기술도 발전해 장거리 항해가 가능해졌다. 이로써 유럽인은 아시아로 향하는 뱃길을 탐구할 모든 준비를 갖추게 되었다.

포르투갈 신항로 개척의 결정적 공헌자 엔히크 왕자

한발 앞서 신항로 개척에 나선 나라는 포르투갈왕국이었다. 포르투갈은 대서양에 면한 해양 국가로 스페인보다 먼저 레콩키스타를 완료했다. 그러나 포르투갈은 영토가 좁고 자원도 풍부하지 않았기에 이슬람 상인을 대신해 무역 이권을 챙기려 안간힘을 썼다.

한편 14세기에 들어서자 사제 요한의 왕국이 아프리카에 있다는 믿음이 널리 퍼지면서 이 그리스도교 왕국과 함께 이슬람 국가를 쳐부수자는 주장이 힘을 얻었다.

이러한 분위기에서 포르투갈 왕 주앙 1세(João I, 재위 1385~1433)의 아들 엔히크 왕자가 지브롤터 해협 건너편 세우타를 공략했다. 그리고 이 도시를 거점으로 서아프리카를 남하하는 항로 탐색을 적극적으로 지원했다. 엔히크 왕자는 마대한 항해 비용을

포르투갈이 개척한 인도 항로

디아스가 희망봉을 발견하고 다가마가 인도 항로를 개척함으로써 신항로 개척시대가 시작되었다.

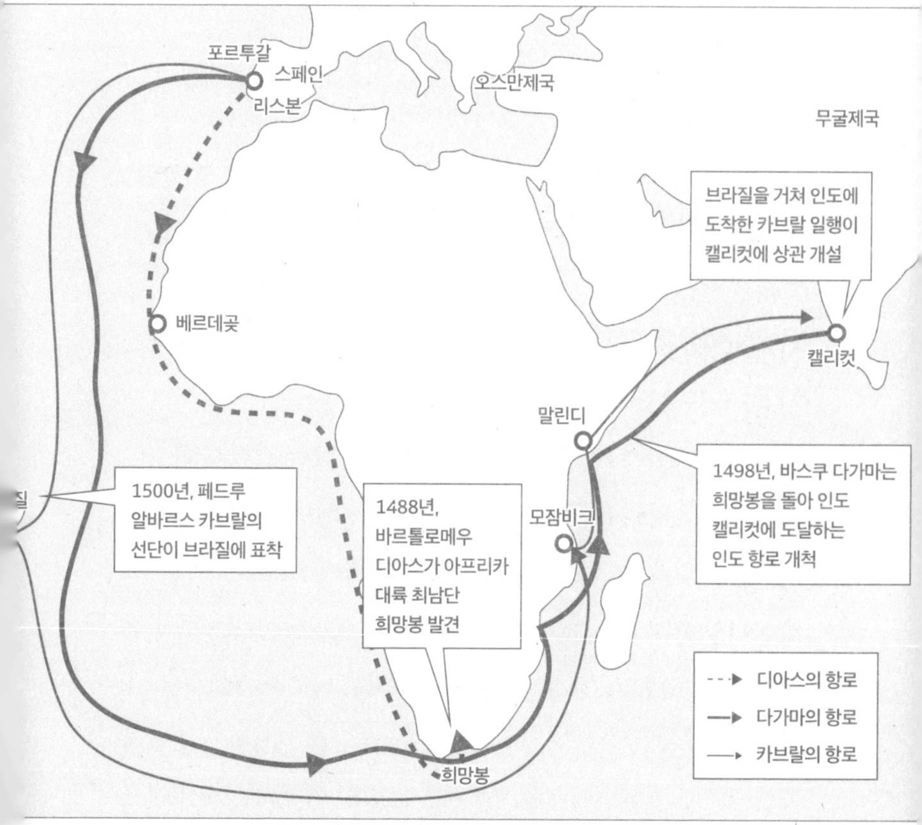

마련해주는 것은 물론 학자를 초빙해 천문대와 학교를 설립함으로써 학문적인 발전도 뒷받침했다. 이렇게 근세 초 포르투갈의 항로 개척에 있어 결정적인 역할을 한 엔히크 왕자를 사람들은 '엔히크 항해왕'이라고 불렀다.

엔히크 시대에 포르투갈인은 마데이라와 카나리아 등의 대서양 섬을 발견했다. 그리고 1460년에 이르러 아프리카 서쪽 끝 베르데곶과 시에라리온까지 항로를 연장했다.

바스쿠 다가마가 개척한 인도 항로를 발판으로 포르투갈이 동방 무역을 장악하다

엔히크가 세상을 떠난 후로도 포르투갈은 해외 진출 정책을 적극적으로 추진했다.

바르톨로메우 디아스가 아프리카 서안을 따라 남하해 아프리카 대륙 남단의 곶을 확인한 것은 1488년의 일이다. 이는 아프리카를 돌아 인도에 이르는 항로를 발견한 것에 견줄 만한 쾌거로 포르투갈 국왕 주앙 2세(João II, 재위 1477, 1481~1495)는 새로 발견한 곶에 친히 '희망봉(Cabo da Boa Esperança)'이라는 이름을 붙였다.

또 포르투갈은 신항로 개척을 두고 스페인과 치열하게 경쟁하고 있었기에 서둘러야 하는 사정도 있었다. 콜럼버스가 스페인의 지원을 받고 1492년에 서인도제도에 도달했다. 1494년에는 토르데시야스 조약으로 포르투갈과 스페인 양국의 세력 확장 범위가 규정됨에 따라 포르투갈이 아시아에 도달하려면 어떻게든 희망봉에서 동쪽으로 진출해야 했다.

드디어 바스쿠 다가마 일행이 희망봉을 돌아 아프리카 동해안을 따라 북상한 후 인도 캘리컷에 도착했다. 1498년에 성공한 이 항해는 유럽인 최초로 인도로 가는 항해를 완수했다는 의미를 가졌다. 다가마는 캘리컷에서 가져온 얼마 안 되는 향신료와 보석을 리스본에서 팔아 막대한 부를 챙겼다.

인도 항로가 개척되자 포르투갈 왕은 매년 대선단을 꾸려 인도로 파견했다. 1509년에 포르투갈은 인도 서해안 디우에서 벌어진 해전에서 베네치아가 후원한 이집트 맘루크왕조 함대를 격파했고, 이듬해에는 아폰수 드 알부케르크 제독이 인도 서해안 고아를 점령했다. 이후 고아는 포르투갈의 인도양 지배에 있어 거점 역할을 했다.

포르투갈은 바스쿠 다가마가 개척한 인도 항로를 발판 삼아 오래도록 이탈리아 상인과 이슬람 상인이 독점하던 동방 무역의 주도권을 서서히 장악해 나갔다.

아프리카 최남단 희망봉

Road

25

유럽의 경제 구조를 송두리째 바꾸고 자본주의 경제 발전의 씨앗을 품게 한 콜럼버스의 항해길

'항해자의 착각'이 역설적으로 스페인에 엄청난 부를 안겨주다

'서쪽으로 또 서쪽으로' 계속 나아가다 보니 대서양을 가로질러 아메리카 대륙에 다다랐다. 이탈리아 제노바 출신 항해자이자 탐험가 콜럼버스가 이 항해에 성공한 것은 1492년이었다. 훗날 '신대륙 발견'이라고 불리게 된 이 기념비적인 항해를 기점으로 세계의 향방이 완전히 바뀌었다.

콜럼버스는 왜 자신이 발견한 신대륙을 죽을 때까지 '인도'라고 우겼을까?

중세 유럽인은 지구는 평평하고 바다 끝은 막다른 길이라고 믿었다. 이러한 발상은 콜럼버스 시대에도 여전히 힘을 발휘하고 있었다. 그렇다고 해서 콜럼버스가 무모한 모험에 나선 건 아니었다. '지구는 둥글다'는 주장이 15세기 초부터 서서히 퍼져 나가고 있었기 때문이다.

콜럼버스는 마르코 폴로의 여행기, 프랑스 추기경이면서 천문학자인 피에르 다이의 『이마고 문디(Imago Mundi)』(1410) 등을 읽고 대서양을 서쪽으로 계속 나아가면 아시아에 도달한다고 믿었다. 또 피렌체 출신 천문학자이며 지리학자인 토스카넬리에게 서쪽으로 돌아가는 항로를 문의한 결과 이 새로운 항로가 아프리카를 도는 항로보다 아시아에 가깝다는 답변을 얻어 결심을 굳힐 수 있었다.

콜럼버스는 먼저 포르투갈왕국의 주앙 2세에게 후원을 요청했다. 이는 1483년 무렵의 일이다. 그러나 당시 포르투갈은 아프리카 대륙을 돌아가는 항로 개척에 집중하고 있었기 때문에 긍정적인 답변을 받아내지 못했다.

콜럼버스는 포기하지 않았다. 1485년 이후 그는 스페인의 이사벨 여왕(Isabella I, 재위 1474~1504)에게 후원을 요청했다. 스페인에서도 결론을 차일피일 미루며 확답하지 않은 채 시간이 제법 흘렀을 때 드디어 이사벨 여왕이 결단을 내렸다. 그라나다를 함락하고 레콩키스타를 완료하자 포르투갈에 대한 경쟁심이 발동했기 때문이었다.

1492년 8월 3일, 콜럼버스는 산타마리아호가 이끄는 배 세 척에 선원 120명을 태우고 스페인 항구를 출발했다. 그리고 오로지 서쪽으로만 나아갔다. 그런데 가도 가도 육지 그림자조차 보이지 않자 선원들이 뱃머리를 돌리자고 요구했다. 가까스로 선원들을 설득해가며 70일 남짓 항해를 계속한 끝에 콜럼버스 일행 앞에 육지가 보이기 시작했다. 오늘날의 바하마제도에 마침내 도달한 것이다.

콜럼버스는 부근 섬을 돌며 정찰하면서 그곳이 '미지의 대륙'이라고는 생각하지 못하고 아시아의 일부인 인도라고 착각했다. 그러나 이것은 콜럼버스가 특히 무지해서 일으킨 착각이 아니었다.

애초에 당시 유럽인은 아시아에 관한 정확한 지식을 가지고 있지 않았다. 그들은 아라비아반도에서부터 동쪽 지방을 뭉뚱그려 인도를 뜻하는 '인디아스'라고 불렀다. 바이킹 시대 항해 기억은 이미 아주 오래 전에 모두 잊혔고 아메리카 대륙은 물론 태평양의 존재도 알려지지 않은 때였다.

스페인으로 귀환한 콜럼버스는 대대적으로 환영받았으며 곧바로 두 번째 항해에 나섰다. 이번에는 이사벨 여왕의 기대가 한층 커졌기에 콜럼버스가 이끈 선단은 배 17척, 선원 1,400명이라는 대대적인 규모로 대포와 말까지 실었다.

콜럼버스는 카리브해 섬 중에서도 특히 큰 에스파뇰라섬에 도

신항로 개척시대 항해자들을 기리는 포르투갈의 해양 발견 기념비

착하자마자 탐색에 나섰다. 그러나 무엇보다 중요한 향신료는 발견하지 못했고 선주민을 착취해 채굴한 금의 양도 많지 않았다. 콜럼버스는 이후로도 계속 항해에 나서 총 네 차례 '인도'로 건너갔지만 수확은 보잘것없는 수준에 그쳤다. 엄청난 기대와 희망을 품고 있던 스페인은 콜럼버스의 사업에 크게 실망했다. 그럼에도 콜럼버스는 1506년에 생을 마감할 때까지 자신이 아시아에 도달했다는 주장을 굽히지 않았다.

콜럼버스가 상륙한 곳이 아시아가 아니라 그때까지 유럽인에게 전혀 알려지지 않은 '신대륙'이라는 사실이 판명된 때는 1513년 무렵이다. 이탈리아 피렌체 출신 탐험가 아메리고 베스푸치가 콜럼버스의 주장을 부정하고 '신대륙설'을 강조했고, 파나마지협을 횡단해 태평양으로 진출한 바스코 누녜스 데 발보아가 '신대륙설'을 증명했다.

교황의 중재로 유럽 이외의 세계를 동서로 양분해 차지한 오만한 두 정복 국가, 스페인과 포르투갈

인도 항로를 발견한 포르투갈과 아메리카 대륙에 도달한 스페인은 신항로 개척시대에 선두 자리를 놓고 치열하게 대립했다. 양국이 획득한 영토 소유를 둘러싸고 갈등이 불거지며 언제든

전쟁으로 발전할 수 있는 살얼음판 같은 상황이 이어졌다. 이러한 분위기에서 두 나라 모두 소모적인 전면전은 피하고 싶었다. 그래서 교황 알렉산데르 6세(Pope Alexander VI, 재위 1492~1503)가 중재에 나섰다.

카보베르데제도 서쪽 약 500킬로미터 자오선을 경계로 동쪽은 포르투갈, 서쪽은 스페인이 소유한다는 조약이 성립했다. 이때 교황은 이교도의 토지는 모두 포르투갈과 스페인에게 주기로 했다. 이는 1493년의 일이다.

그런데 포르투갈이 이 '교황 자오선' 위치에 불만을 제기하며 항의했다. 포르투갈의 항의가 받아들여져 이듬해인 1494년에 경계를 1,300킬로미터 정도 서쪽으로 이동하는 토르데시야스 조약이 체결되었다.

이에 따라 16세기에 이르러 포르투갈은 인도와 아프리카에, 스페인은 남북 아메리카 대륙에 광대한 식민지를 보유하게 되었다. 다만 필리핀제도와 브라질은 예외로 쳤다. 필리핀제도는 이미 스페인이 지배하고 있었기에 스페인령으로, 브라질은 포르투갈 출신 항해자 페드루 알바르스 카브랄이 탐험해 포르투갈 깃발을 꽂았기에 포르투갈령으로 인정했다.

한편 이 무렵 영국, 프랑스, 네덜란드는 국내 산업 발전에 집중하고 있었기에 그들의 식민지는 북아메리카 일부에 머무를 뿐이었다.

콜럼버스와 마젤란의 항로

이탈리아 제노바 출신 콜럼버스는 스페인 이사벨 여왕의 후원을 받아 나선 항해에서 발견한 카리브해 섬을 죽을 때까지 '인도'라고 믿었다. 이후 포르투갈의 마젤란이 최초의 세계 일주에 성공하며 진정한 아시아를 발견했다.

유럽의 신항로 개척으로 세계사의 중심축이 지중해에서 대서양과 인도양으로 이동하다

신항로가 열리면서 불러온 파장은 엄청났다. 유럽의 무역권이 급속도로 확대되며 오래도록 세계 무역을 주도한 지중해의 역할과 중요성은 상당히 줄어들었다. 그러자 이탈리아 도시국가들, 이들 도시와 연결되어 있던 남부 독일 도시들이 쇠락의 길로 접어들었다.

세계 무역의 주 무대는 대서양과 인도양으로 옮겨왔고 그 주인공은 포르투갈, 스페인과 더불어 대서양 연안 국가들이었다.

그러나 스페인과 포르투갈의 번영은 그들의 바람과 달리 오래가지 못했다. 이들 국가에서는 왕가가 식민지 경영과 무역을 장악함으로써 식민지에서 획득한 이익은 모조리 본국으로 보내졌지만 왕가가 그 대부분을 탕진해 나라 전체에 부가 돌아가는 사업이 되지 못했다.

또 이들은 식민지 무역에서 중요한 품목인 모직물과 견직물 생산을 비롯한 산업 육성을 중시하지 않았다. 이로써 17세기에 들어서자마자 기회를 엿보던 영국과 네덜란드에 추월당했다. 아시아 물품이 대량으로 유럽에 들어오게 되면서 신항로 개척의 주요 동기 중 하나였던 향신료 가격이 폭락한 것 역시 스페인과 포르투갈에 부정적인 영향을 미쳤다.

스페인에 막대한 부를 가져다준 볼리비아의 포토시 은광

콜럼버스가 최초로 발견했을 때는 별다른 수확을 올리지 못한 아메리카 대륙에서 대량의 은이 발견되었다. 스페인은 선주민을 착취해 은광을 개발했고 대량의 은이 유럽으로 들어왔다. 그러자 은 가격이 급락하며 물가가 폭등하는 인플레이션이 발생했다. 이에 따라 토지를 소유하고 지배력을 행사하던 봉건 영주는 몰락의 길로 떨어졌고 대신 자본주의 경제가 발전하게 되었다.

신항로 개척은 유럽의 '경제 구조'를 완전히 뒤바꿔놓았다. 그리고 새로 열린 바닷길은 전 세계가 서로 영향을 주고받으며 긴밀히 움직이는 세계화 시대의 문을 열었다.

Road

26

중남미 대제국을 차례로 무너뜨린 잔혹한 콩키스타도르의 길

스페인에 미증유의 부와 번영을 안겨준 무법자들의 모험과 만행

수 세기 동안 지루하게 이어진 레콩키스타가 1492년에 드디어 완수되었지만 스페인에 평화롭고 안정적으로 발전하는 시대가 곧바로 찾아오지 않았다. 우선 이베리아반도 내 전쟁이 단숨에 감소한 데 따른 반작용으로 수많은 군인이 직업을 잃고 하릴없이 떠도는 신세로 전락했다. 이런 상황에 엎친 데 덮친 격으로 몇 년 동안 흉작이 계속되어 스페인 전역이 우울한 분위기에 짓눌려 있었다.

그런 와중에도 점점 분위기가 달아오르는 것이 있었으니, 바로 신대륙 정복 사업이었다. 당장의 끼니조차 마련할 수 없는 사람들이 일확천금을 꿈꾸며 아메리카 대륙으로 향했는데, 그들은 대부분 국가의 원조도 없이 맨몸으로 대서양을 건너가는 배에

디에고 리베라, 〈에르난 코르테스의 베라크루스 정복〉
1951, 벽화, 492×527cm, 멕시코국립궁전
스페인 콩키스타도르 에르난 코르테스의 폭력과 착취가 화면 가득 담겨 있다.

올랐다. 이런 사람들을 스페인어로 '정복자'를 의미하는 '콩키스타도르(conquistador)'라고 불렀다.

스페인 시골의 가난한 귀족 집안 출신 코르테스가 멕시코 고원의 강력한 다민족 연합 아스테카제국을 멸망시키다

중남미 정복 사업을 주도한 콩키스타도르의 대표주자로 에르난 코르테스와 프란시스코 피사로를 꼽을 수 있다.

스페인 시골의 가난한 귀족 집안에서 태어난 코르테스는 산토도밍고에서 쿠바로 건너가 농장을 경영하며 상당한 부를 축적해가던 중 멕시코 탐험 사령관으로 임명되었다. 멕시코 고원에는 다민족 연합으로 이루어진 막강한 아스테카제국이 있었는데, 코르테스는 제국의 지배를 받던 민족을 자기편으로 끌어들여 군세를 늘리고는 1521년 아스테카제국을 멸망시켰다.

한편 안데스 고원의 남북으로 펼쳐진 광대한 영토를 자랑하던 잉카제국은 피사로의 손에 멸망했다. 파나마에서 출발해 남미 서안 탐험에 나섰던 피사로는 잉카제국이 황제 계승 분쟁으로 혼란한 틈을 이용해 1533년 제국의 수도 쿠스코를 점령하고 막대한 금은보화를 손에 넣었다.

또 피사로의 부관이던 페드로 데 발디비아는 1540년에 칠레

스페인인이 지나간 라틴아메리카 정복로

일자리를 잃고 떠돌던 이들이 콜럼버스의 신대륙 발견 이후 콩키스타도르로 변신해 신대륙으로 건너가 각지를 정복하고 잔혹한 행위를 일삼았다.

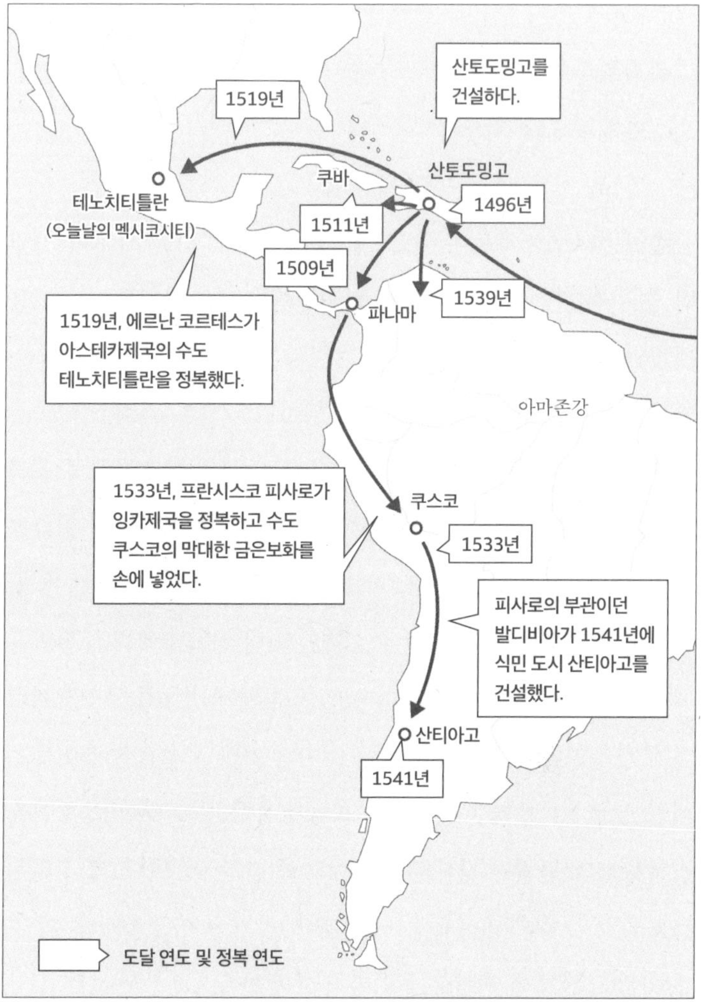

를 침공하고 자기 이름을 따서 '발디비아'라는 도시를 건설해 식민지 지배의 기초를 닦았다.

아스테카·잉카 등 중남미 대제국은 왜 소수의 콩키스타도르에게 그토록 어이없이 무너졌을까

콩키스타도르에게는 선교사를 동행해야 한다는 의무가 있었다. 표면적인 명분으로는 신대륙 사람들을 개종시킨다는 목적을 내걸었던 것이다.

그러나 콩키스타도르는 대부분 일자리를 잃고 사회 밑바닥까지 떨어진 부랑자였다. 그들은 정복한 토지의 선주민을 학살하고 약탈을 자행했다. 스페인 왕이 정복지의 토지와 주민 관리를 식민자에게 위탁하면서(엥코미엔다(Encomienda) 제도) 선주민은 강제노동에 내몰렸다. 선주민이 스페인 식민 지배자에게 노동력을 제공하고 공물을 바칠 의무가 있었기 때문인데, 이는 식민 지배자가 선주민을 보호하고 교육하고 지역 기반 시설을 만들어주는 대가였으나 실제로는 선주민이 착취당하기만 할 뿐이었다. 콩키스타도르의 잔학한 행태는 도미니코회 소속 수도사로 선주민을 보호하고 그들의 인권을 지키기 위해 앞장선 바르톨로메 데 라스 카사스 신부가 생생하게 기록해 고발했다.

아스테카와 잉카 등 중남미 대제국은 왜 그렇게 간단히 정복당했을까?

여기에는 다음과 같은 사정이 있었다. 콩키스타도르 휘하에는 고작 수백 명 남짓한 병사밖에 없었으나 선주민은 그때까지 철제 무기도, 총이나 대포 같은 화기도 알지 못했고 말을 탄 사람도 본 적이 없었다. 따라서 몇만 명의 대군을 보유한 제국이었음에도 제대로 대응할 방법이 없었다.

또 유럽인과 함께 들어온 천연두를 비롯한 감염병이 수많은 선주민의 목숨을 앗아갔다. 선주민은 이러한 감염병에 대한 면역력이 전혀 없었기에 아스테카제국의 인구는 1년 만에 40퍼센트 가까이 감소했다. 피사로가 잉카제국을 침공했을 때도 잉카제국은 이미 천연두가 창궐해 아수라장인 상태였다.

중남미 대제국은 불과 수십 년 사이에 한 무리 스페인 부대에 의해 멸망했는데, 특히 잉카제국에서는 발달한 교통망이 오히려 그들의 패망을 재촉하고 말았다. 잉카제국의 뛰어난 기술은 지금도 유적으로 남아 전해지고 있다. 그중 '왕의 길(Royal Road)'을 의미하는 '카팍냔(Qhapaq Ñan)'이라는 도로체계가 있다. 이 '잉카의 길'은 수도 쿠스코를 중심으로 남북으로 긴 국토를 연결하며 가로세로로 촘촘하게 뻗어 있으며 총 길이는 3만 킬로미터에 이른다.

해발고도 6,600미터가 넘는 안데스의 험준한 산악지대를 가로지르는 이 길은 돌로 포장되었고 급경사에는 계단, 강에는 현수교가 설치되었다. 또 물자 운송과 군대 이동, 정보 전달이 원활히 이루어지도록 숙식을 제공하는 역참인 탐보(Tambo)가 일정한 거리마다 배치되었고, 탐보 사이를 오가며 물건과 메시지를 전달하는 전령인 차스키(Chasqui) 제도도 갖추었다.

이 길 덕분에 남북으로 긴 300만 제곱킬로미터의 잉카 영토 어디에서 반란이 일어나더라도 그 정보는 곧장 수도 쿠스코에 있는 황제의 귀에 들어올 수 있었다. 1532년, 꼼꼼한 사전 조사를 거쳐 잉카에 입성한 피사로는 콜롬비아 방면보다 잉카의 길을 통해 쿠스코로 들어가는 게 낫다고 판단했다. 피사로는 내란을 이용해 황제 아타우알파(Atahualpa, 재위 1532~1532)를 포로로 잡아 처형함으로써 잉카를 간단히 정복했다. 제국을 지배하기 위해 갖추어 놓은 인프라가 제국을 멸망으로 이끈 길이 되고 만 것이다.

이렇게 중남미 대부분 지역이 스페인의 지배를 받게 되었다. 콩키스타도르는 선주민의 강제노동으로 획득한 금, 은, 목화, 설탕, 담배, 커피 등을 대량으로 본국에 실어 보냈다.

하지만 부랑자였던 콩키스타도르가 무작정 제 마음대로 좌지우지할 수 있는 건 아니었다. 스페인 왕가는 전리품의 5분의 1을 세금으로 요구했고 머지않아 정식 관리를 파견해 콩키스타도르의 권리를 모두 빼앗았다.

그리고 드디어 스페인이 미증유의 대제국으로 번영을 누리는 때를 맞이하게 되었다.

잉카제국 사람들이 최후의 저항을 시도하며 건설한 것으로 추정되는 마추픽추

Road

27

유럽 강대국에게는 부와 권력을 안겨주었으나 아메리카 선주민·아프리카인에게 지옥을 경험하게 한 삼각무역 항로

제국주의의 서막을 알린 잔혹한 노예무역

콩키스타도르에게 정복당한 아메리카 대륙에서는 식민 활동이 추진되었고 이는 대규모 플랜테이션 경영으로 발전했다. 초기에 식민 활동은 스페인과 포르투갈에 한정되었지만 16세기에 접어들자 유럽 여러 나라가 해외 식민지를 거느리게 되었다.

아메리카 대륙에는 유럽 국가의 식민지가 차례차례 생겨났다. 여기에서는 옥수수, 감자, 고추 같은 아메리카 대륙이 원산지인 작물을 재배해 유럽으로 수출했으며 사탕수수, 커피, 홍차, 담배 등의 기호품에는 특히 비싼 값이 매겨졌다. 플랜테이션 경영이 커다란 부로 이어지자 그 규모는 날로 커져만 갔다. 그 결과 탄생한 것이 노예무역의 비극을 낳고 온갖 악덕으로 점철된 '삼각무역' 항로다.

탐욕에 눈이 먼 유럽인(스페인인)이 고안한 가장 잔인한 경제시스템 삼각무역

아메리카 대륙 플랜테이션의 노동력을 제공하는 것은 선주민인 인디오였다. 그러나 가혹한 강제노동과 감염병으로 인디오 인구가 급격히 감소해 노동력이 부족해졌다. 유럽인은 이 사태를 해결하기 위해 아프리카 대륙에서 노예를 사오기로 했다.

아프리카 서해안은 아프리카 대륙에서 인구 밀도가 가장 높고 이슬람 상인과의 무역으로 번영한 지역이었다. 그런데 이곳이 여러 작은 나라가 분립하며 부족 간 전쟁이 빈번히 일어나는 분쟁 지역이 되었다. 이는 17세기의 상황이다. 유럽인은 이렇게 혼란스러운 상황을 약삭빠르게 이용했다. 유럽인은 아프리카 서해안 연안 지역에 사는 부족에게 무기를 대주며 적대 관계에 있는 부족의 젊은 남자를 포로로 잡아와서 자신들에게 넘기라고 요구했다.

포로를 제공한 대가로 유럽인은 무기와 탄약, 유럽 현지에서는 싸구려 상품 취급을 받는 날붙이와 모직물, 냄비 등의 일용품을 생색내듯 내주었다. 그리고 값싸게 사들인 노예를 남북 아메리카 대륙, 카리브해 등지로 끌고 가 경매를 통해 새로운 소유자에게 넘겼다. 노예 판매로 얻은 수익으로는 설탕, 담배, 목화를 사서 유럽에 내다 팔았다.

이처럼 유럽, 아프리카, 아메리카 대륙 사이에 대서양을 끼고 오간 것이 '삼각무역'이다. 삼각무역에서 가장 큰 수익을 낸 상품은 노예였다. 아프리카인 노예의 가격은 아메리카 대륙 선주민의 3분의 1 수준이었던 데다 그들은 가혹한 노동을 더 잘 견뎌내곤 했다.

노예무역은 스페인이 처음 시작했다. 그러나 18세기가 되자 노예무역의 주도권은 영국에게 넘어갔다. 1783년부터 1793년까지 10년 동안 서인도제도로 끌려간 흑인 노예는 30만 3,737명이었다.

아프리카 서해안에는 노예무역 거점이 몇 군데나 건설되었다. 거점 도시에는 노예를 수용하기 위한 요새가 지어졌고 노예를 수출하는 항구도 만들어졌다. 오늘날의 베냉만 일부는 '노예 해안(Slave Coast)'이라는 치욕스러운 이름으로 불렸다. 노예 상인은 거점 지역에 한두 달씩 배를 정박해 두고 잡아 온 아프리카인 청년을 짐짝처럼 실어 보냈다.

삼각무역을 통해 18세기 산업혁명의 기틀을 마련한 영국

삼각무역은 유럽, 아프리카, 아메리카 세 대륙을 시장으로 삼아 긴밀하게 연결되었는데, 유럽 도시의 수요를 중심으로 돌아

영국이 노예를 수용하기 위해 케이프코스트에 마련한 요새

가는 시장이었기에 무역은 주로 유럽인이 주도했고 이익도 유럽인이 독차지했다.

삼각무역으로 가장 큰 수익을 얻은 나라는 노예무역을 주도한 영국이었다. 그 무렵 면제품 수요가 증가함에 따라 영국 상인은 서인도제도에서 재배한 목화를 영국으로 실어와 항구 근처 공업단지에서 면제품으로 가공해 수출했다. 그리고 그렇게 벌어들인 돈으로 다시 노예를 사들였다. 영국의 면직공업은 삼각무역으로 원료 공급과 제품 판매를 한꺼번에 해결하면서 가파르게 성장했다. 면직공업이 발전하면서 축적된 부는 훗날 영국의 '산업혁명' 자본으로 요긴하게 쓰였다.

당연히 노예무역은 아프리카에 엄청나게 심각한 비극과 피해를 안겨주었다. 아프리카에서는 삼각무역으로 1,000만 명이 넘는 청년, 특히 한창 일할 나이의 장정이 끌려갔다. 노예를 수송하는 배는 조금이라도 효율을 올리기 위해 좁은 공간에 사람들을 빽빽하게 포개 넣었다. 사슬과 족쇄에 묶여 자유를 빼앗긴 청년들은 비위생적이고 열악한 환경의 노예 수송선에 실려 가는 동안 감염병에 시달리거나 비인간적 대우를 받아 목숨을 잃었다. 간신히 살아남아 목적지인 아메리카 대륙에 도착했더라도 희망은 없었다. 새로운 소유자에게 물건처럼 팔려가 평생 강제노동에 시달리는 고난이 그들을 기다리고 있었다.

노예는 큰 이익을 가져다주는 상품이라는 의미로 '흑단', '검은 황금' 등으로 불렸다. 이러한 호칭만 보아도 노예 상인과 플랜테이션 농장주에게 노예는 쓰고 버릴 수 있는 물건 취급을 받았음을 알 수 있다.

한창 일할 나이의 청년들이 모두 끌려간 아프리카에서는 생산활동이 정체되어 산업이 전반적으로 발전할 수 없었다. 노예 상인에게 협력한 부족장이나 왕은 일시적으로 부를 얻었으나 이웃 부족과 늘 전쟁을 벌이고 있었기 때문에 문화마저 단절되는 지경에 이르렀다.

이러한 아프리카의 비극은 수 세기가 흐른 오늘날까지 영향을 미치고 있다. 아프리카의 많은 국가는 여전히 저개발 상황에서 벗어나지 못한 채 어려운 상황에 놓여 있다.

Road

28

영국을 '해가 지지 않는 나라'의 반열에 올려놓은 드레이크의 세계 일주 항해의 길

훗날 대영제국의 기틀을 마련해준 해적 드레이크의 눈부신 활약

신항로 개척시대의 막을 연 스페인은 16세기에 신대륙과 태평양 등 세계 각지에 식민지를 건설하고 무역에 힘을 쏟아 막대한 부를 거머쥐었다. 합스부르크 가문 출신 스페인 왕 펠리페 2세(Felipe II, 재위 1556~1598)는 레판토 해전에서 오스만제국 함대를 크게 격파함으로써 지중해 패권을 장악했다. 이는 1571년의 일이다. 나아가 펠리페 2세는 1580년에 포르투갈 왕위까지 획득해 그야말로 '해가 지지 않는 나라'라고 불릴 만한 전성기를 이끌었다.

그렇다면 유럽의 다른 국가들은 이렇게 절대적이라고 여겨진 스페인에 어떻게 맞설 수 있었을까? 막강한 스페인을 휘청거리게 한 최초의 시도는 '어느 해적'의 세계 일주 항해에서 시작되었다.

후발주자 영국이 당대 유일 패권국 스페인에 맞설 수 있었던 뜻밖의 히든카드는?

스페인이 '해가 지지 않는 나라', 부유한 제국으로 도약하는 중심에는 신대륙을 활용한 활발한 무역이 있었다. 즉 스페인은 신대륙 식민지에서 금과 은을 풍부하게 캐내고 이를 본국으로 운송하는 '정기 항로'를 개설함으로써 엄청난 이익을 그러모을 수 있었다.

볼리비아 남부 고지(高地)에 위치한 포토시 은광 등에서 채굴된 은은 태평양 연안 아리카 항구에서 배에 실렸다. 은을 실은 배는 페루 연안을 따라 북상한 후 파나마에서 육상으로 운송해 대서양 쪽으로 보내졌다. 이후 은을 다시 배에 옮겨 싣고 카리브해 아바나로 갔다. 아바나는 신대륙 이곳저곳에서 실어온 화물이 모이는 곳으로 여기서 계절풍이 불어오는 시기를 기다렸다. 항해하기 좋은 때가 오면 은을 실은 배는 스페인 호위선과 더불어 대서양을 횡단해 스페인 본국으로 향했다.

은을 가득 싣고 스페인 세비야로 돌아오는 배를 흔히 '보물선단'이라고 불렀으며, 대량으로 유입된 은으로 인해 유럽 전역에서 가격혁명이 발생할 정도였다. 그리고 유럽과 신대륙을 오가는 정기 항로가 어느새 스페인제국을 떠받치는 '대동맥' 역할을 하게 되었다.

스페인의 번영이 절정을 향하던 시기 유럽에서는 엘리자베스 1세(Elizabeth I, 재위 1558~1603)가 지배력을 발휘한 영국이 급속히 힘을 키우고 있었다. 당시 영국은 국내 정치, 경제, 종교적 혼란을 수습하고 도약의 발판을 다져 나갔다. 우선 모직물 공업을 적극 추진해 경제를 활성화했다. 그리고 직전 여왕인 메리 1세(Mary I, 재위 1553~1558)에게 박해받던 영국성공회와 개신교를 허용하고 로마 가톨릭과 신교를 절충한 중용 노선을 확립했다. 이렇게 국내 상황이 안정을 찾아가자 영국은 대외 무역에 힘을 쏟기 시작하며 신대륙 진출에 나섰다. 그러나 당시 신대륙의 이권은 정복자인 스페인이 장악하고 있었기에 후발 주자인 영국이 비집고 들어가기가 만만찮았다.

이런 상황에서 영국이 주목한 것은 보물선단을 노리는 해적 행위였다. 영국은 약탈품 일부를 상납하는 대가로 해적 행위를 용인해준 '사략선(私掠船, privateer)'을 이용해 스페인 선박과 식민지를 적극적으로 공략했다.

훗날 세계 최대 해군력을 보유하는 영국이지만 해군력이 미약하던 때에는 민간에 위탁해 다른 나라 무역을 방해하며 정착된 무역 구조를 무너뜨리고자 한 것이다. 영국의 이런 수법을 프랑스와 네덜란드가 발 빠르게 채택하면서 대서양은 해적이 들끓는 무법 지대로 변했다.

사략선이 대서양을 오가는 보물선단을 습격하기 시작한 것은

잉글랜드인 최초로 세계 일주를 한 프랜시스 드레이크(c. 1540~1596)

1520년 무렵부터다. 이후 사략선은 더 많은 노획물을 얻기 위해 스페인 선박이 집결하는 카리브해까지 진출했다. 아바나에서 대기하던 보물선단을 습격해 빼앗은 보물 일부가 영국 여왕에게 바쳐졌다.

영국 해적 드레이크는 왜 그토록 스페인을 미워했을까

사략선이 스페인 선박을 해적질해서 영국으로 부가 흘러들도록 활약하자 스페인에서는 사략선을 '바다의 개(Sea Dogs)', 영국 '정부의 개'라며 맹비난했다.

대표적인 '바다의 개'로 꼽히는 해적은 프랜시스 드레이크였다. 젊은 시절 드레이크는 먼 친척인 존 호킨스의 밀무역선에 승선했다. 호킨스는 서아프리카에서 흑인 노예를 사들여 신대륙 스페인인에게 고가에 팔아넘겨 큰 재산을 모았다. 그러다 멕시코 산후안데울루아 항구에서 스페인 함대의 기습을 받아 호킨스 선단이 거의 궤멸되는 일이 발생했다. 이는 1568년의 일이다. 호킨스와 드레이크는 간신히 목숨을 건져 귀환했으며 이후 드레이크는 스페인을 맹렬히 증오하게 되었다고 한다.

드레이크는 다시 해적으로 복귀했다. 사략단을 이끌고 나선 드레이크는 파나마에서 스페인 선박을 공격해 5만 톤이 넘는 은을 강탈하는 데 성공하며 '드레이크'라는 이름을 확실히 각인시켰다. 이는 1573년의 일이다.

그리고 1577년, 드레이크는 세계 일주 항해에 나섰다. 파나마에서 태평양을 바라보며 그가 먼 항해를 결심했다고 전해지는데, 물론 스페인의 해외 식민지를 습격한다는 중요한 목적에 따른 행동이었다. 드레이크는 엘리자베스 1세를 설득해 태평양 항해 허가와 자금 지원을 받아냈다. 마침내 12월에 드레이크가 지휘하는 갤리언선 골든 하인드('펠리컨'으로도 불렸음)를 기함으로 삼아 다섯 척의 함대가 세계 일주에 나섰다.

영국이 스페인을 제치고 '해가 지지 않는 나라'의 권위를 갖게 해준 드레이크의 세계 일주 항해의 길

드레이크의 함대는 대서양을 남하하다 풍랑을 만나는 등 갖은 고초를 겪으며 항해를 이어갔다. 마침내 마젤란 해협을 통과해 태평양으로 나갔을 때는 골든 하인드호 한 척만 살아남았다. 그 와중에 세계 일주가 목적인 줄 몰랐던 승조원이 반란을 일으키는 소동이 발생하기도 했는데 드레이크는 단호한 태도로 반역자를 처형하고 항해를 계속했다.

드레이크 함대는 포토시 은광에서 산출되는 은을 빼앗을 목적

드레이크의 세계 일주 항로

영국이 스페인을 제치고 '해가지지 않는 나라'의 지위를 획득할 수 있었던 것은 프랜시스 드레이크가 세계 일주를 하며 해적질을 한 덕분이었다.

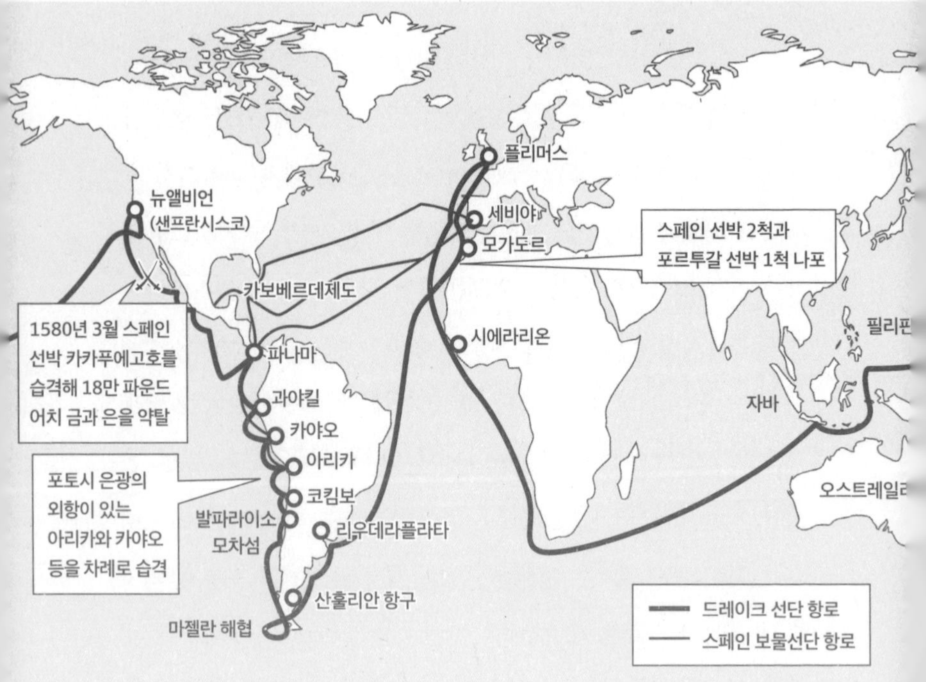

으로 남아메리카 대륙 태평양 측의 발파라이소, 아리카 같은 스페인 항구를 습격했다. 이후 북쪽으로 올라가 샌프란시스코 근처에서 스페인 수송선 카카푸에고호를 나포하고 18만 파운드(530억 원 상당)어치 금과 은을 약탈했다.

그 후 드레이크 일행은 스페인 식민지를 습격하면서 태평양을 건넜다. 그리고 말루쿠제도에서 대량의 향신료를 선적하고 인도 남방을 거쳐 희망봉을 돌아 대서양, 영국 플리머스로 돌아왔다. 총 2년 9개월이 걸린 드레이크의 세계 일주는 마젤란 일행의 뒤를 이은 쾌거였다.

드레이크가 가지고 돌아온 보물은 60만 파운드에 달했으며 여행 자금을 지원한 엘리자베스 2세는 그중 30만 파운드를 배당금으로 받았다. 엘리자베스 2세는 이 배당금으로 외채를 청산했다. 그러고도 남은 돈의 일부인 4만 2,000파운드 가까이를 오스만제국과 독점으로 무역하는 레반트회사에 투자했다. 레반트회사에서 나온 수익은 이후 동인도회사를 설립하는 자금으로 활용되었다. 다시 말해 드레이크의 세계 일주 항해 길 덕분에 영국은 스페인을 제치고 '해가 지지 않는 나라'의 권위를 가질 수 있었던 셈이다.

고국으로 돌아온 드레이크를 위해 엘리자베스 1세는 환영식을 개최하고 해군 중령 계급과 함께 '경(sir)'이라는 칭호를 수여했다. 그 자리에는 영국 정부 고관 외에 드레이크에게 당한 스페인 대사도 참여했다.

엘리자베스 1세는 영국을 위해 공을 세운 드레이크를 무척 총애하며 농담 삼아 그를 '나의 해적'이라고 부르기도 했다. 이 여왕의 해적은 훗날 스페인을 쇠퇴의 길로 몰아넣은 해전에서 중요한 역할을 맡게 된다.

드레이크가 세계 일주에 사용한 골든 하인드호. 현재는 플리머스에 보존되어 있다.

Road

29

원조 '해가 지지 않는 나라'의 '해'를 추락시킨 스페인 무적함대의 원정길

'해양제국' 스페인은 어떻게 쇠락의 길을 걷게 되었나

전 세계 패권을 거머쥔 스페인의 영광도 영원히 지속되지 못하고 쇠퇴의 시기가 닥쳤다. 프랑스라는 공동의 적에 맞서 협력했던 잉글랜드와의 관계가 악화되면서 스페인은 타격을 받기 시작했다.

영국과 스페인의 관계를 험악하게 만든 요인은 무엇이었을까? 첫 번째는 스페인이 아메리카 신대륙에서 채굴해 와서 스페인 재정을 뒷받침하던 금은을 영국 사략선이 약탈해 스페인에 경제적 압박을 가한 것이다. 여기에 두 번째 요인으로 종교적 갈등 상황을 들 수 있다.

당시 스페인 국왕 펠리페 2세는 열렬한 가톨릭 신자였다. 그런데 영국에서 엘리자베스 1세가 즉위한 이후 영국성공회를 확립하자 종교 갈등의 응어리가 생기기 시작했다. 또 엘리자베스 1세가 잉글랜드로 망명한 스코틀랜드 여왕이자 잉글랜드 왕위 계승자인 메리 스튜어트를 1587년에 처형한 사건도 양국의 대립 상황을 고조시키는 원인으로 작용했다. 이는 가톨릭 신자이던 메리 스튜어트가 영국 내 가톨릭 세력에 추대되는 상황을 우려해 엘리자베스 1세가 미리 손을 쓴 것으로, 펠리페 2세는 이를 두고 강력하게 항의했다.

한편, 세 번째 더욱 결정적인 이유가 있었다. 1568년 이후 20년 가까이 이어진, 스페인을 상대로 한 네덜란드의 독립전쟁에서 영국이 네덜란드를 지원한 것이다. 합스부르크 가문이 소유한 네덜란드는 중세부터 모직물 공업이 발전했으며 이는 스페인의 중요한 재원에 속했다. 그런데 네덜란드는 프로테스탄트(칼뱅파)가 주를 이루는 지역이었기에 스페인이 가톨릭 신앙을 강요하자 오라녀 공 빌럼 1세를 중심으로 뭉쳐 스페인에 반기를 들었다. 이런 상황에서 잉글랜드가 네덜란드를 원조했고 1585년에는 잉글랜드 의회에서 네덜란드를 돕기 위한 대륙 파병안이 결정되었다.

스페인을 압박하는 적대 세력에 속을 끓이던 펠리페 2세는 잉글랜드에 '무적함대(Armada Invencible, 아르마다 인벤시블레)'를 파견하기로 결정했다. 무적함대의 목표는 런던을 제압하고 엘리자베스 1세를 왕좌에서 끌어내리는 것이었다.

압도적 우위를 점하고 있던 스페인 무적함대는 왜
영국 해군에게 속수무책으로 당했을까

펠리페 2세의 명령으로 리스본에서 편성된 무적함대는 갤리언선 20척, 갤리어스선 4척을 중심으로 모두 130척으로 구성된 위풍당당한 대함대였다. 특히 갤리언선은 항해 능력이 탁월했고 기존 선박보다 포문 수가 많아 공격력이 뛰어난 주력 병기였다. 이 대함대에 해군 8,000명, 육군 1만 9,000명이 승선했다.

1588년 5월, 시도니아 공 알론소 페레스 데 구스만이 지휘봉을 잡고 리스본을 출항한 무적함대는 일단 라코루냐에 정박한 후 북상을 개시했다. 그런데 도중에 악천후를 만나 발이 묶였고 도버해협에 도착했을 때는 출항한 지 2개월이나 지난 7월이었다.

플리머스 연안에서 잉글랜드 해군과 최초로 포문을 마주하고 포격전이 벌어진 것은 7월 21일이었다. 이렇게 아르마다 해전이 시작되었다.

스페인 무적함대에 맞선 잉글랜드 해군의 배는 170척으로 숫자는 제법 많았으나 소형 선박이 주를 이루었다. 따라서 전력 측면으로 보면 스페인이 압도적으로 유리했기에 스페인 함대가 이 원정에서 승리하고 돌아가는 것은 거의 정해진 사실이나 다름없었다.

그러나 스페인군이 계산에 넣지 않은 잉글랜드의 핵심 전력이 있었다. 바로 잉글랜드 함대의 부사령관, 세계 일주를 성공하고 돌아온 역전의 해적 프랜시스 드레이크 경이었다.

실제 전투는 개전 전 예상과 전혀 다르게 흘러갔다. 잉글랜드가 처음부터 끝까지 주도권을 잡고 일방적으로 공세를 퍼붓는 형국이었다. 잉글랜드 함대는 화력이 약해 스페인 함대를 한 발에 침몰시킬 수 없었으나 사거리가 긴 컬버린포를 탑재하고 있었다. 여기에 소형 선박의 기동력을 살려 거리를 유지하며 스페인 함대를 요리조리 피해 약 올리듯 포격을 퍼부어 스페인 함대를 꼼짝 못하게 만들었다.

스페인 해군의 주력 전술은 적함에 바짝 다가가 펼치는 백병전이었기에 원거리에서 포격하는 잉글랜드 함대에 손을 쓸 수 없었다.

전쟁이 시작되자마자 굴욕적인 패배를 맛본 무적함대는 보급과 원군을 담당하는 파르마 공의 육군과 합류하기 위해 스페인령 네덜란드 됭케르크로 뱃머리를 돌렸다. 그러나 다음 날 포틀랜드 해안에서 잉글랜드 함대의 추격을 받으며 같은 전법에 또다시 패배해 선박과 병력에 막대한 피해를 입고 말았다.

그래도 파르마 공과 합류하면 상황을 역전시킬 수 있을 거라고 기대한 무적함대는 와이트섬 앞바다를 통과해 프랑스 칼레 연안에 도착했다. 그런데 파르마 공은 네덜란드 독립파의 봉쇄에 묶여 원군을 보내지 못했다.

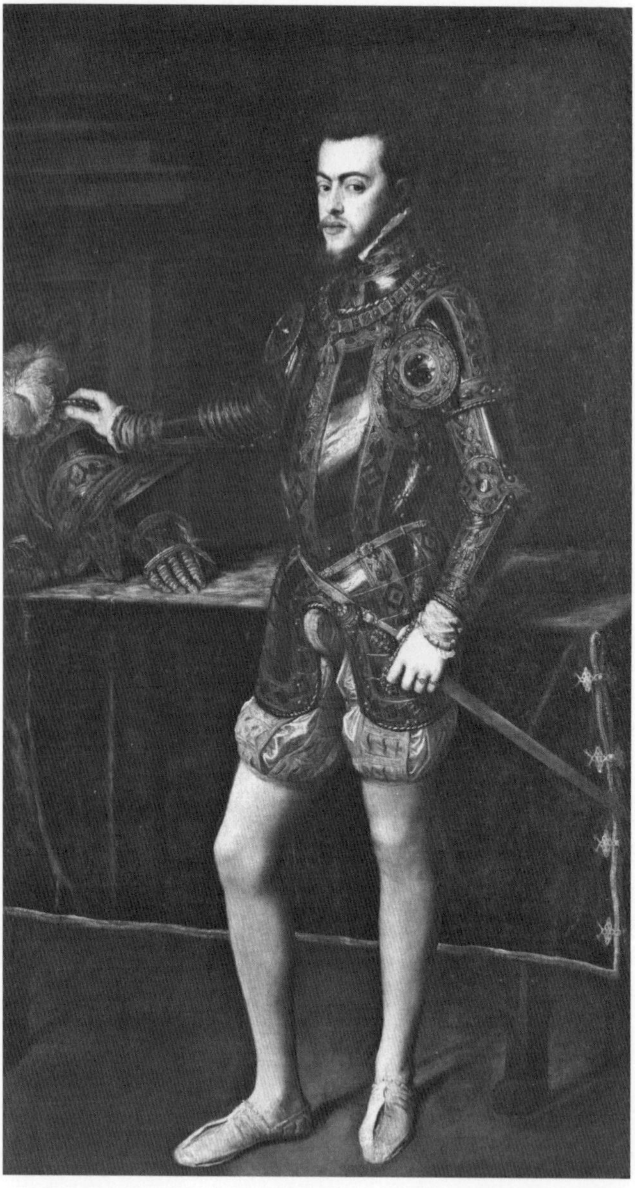

티치아노, 〈펠리페 2세〉

1551, 캔버스에 유채, 193×111cm, 프라도 미술관, 마드리드

7월 28일 밤, 칼레 연안에 닻을 내린 무적함대에 불이 붙은 소형 선박 8척이 충돌했다. 물론 잉글랜드 해군의 소행으로, 드레이크와 호킨스 같은 해적이 즐겨 쓰던 수법이었다. 무적함대가 대혼란에 휩싸인 틈을 타 드레이크가 이끄는 잉글랜드 함대가 돌격했다. 예정했던 보급마저 받지 못한 무적함대는 탄약이 떨어져 전투를 계속할 수 없는 상태에 빠졌고, 결과적으로 대패하고 말았다.

무적함대는 전멸을 면하기 위해 북쪽으로 도주했다.

영국을 상대로 벌인 해전에서 참패한 뒤 급격히 쇠락의 길을 걸은 스페인제국

물과 식량 보급마저 여의치 않은 상황에서 무적함대는 일단 북쪽으로 올라갔다. 스코틀랜드 북쪽을 돌아 대서양을 남하하며 아일랜드 서쪽을 지나 스페인으로 뱃머리를 돌렸다.

지칠 대로 지친 무적함대를 다시 모진 풍랑이 덮쳤고 선내에는 역병까지 창궐해 만신창이가 된 상태로 9월 22일 스페인 산탄데르에 도착한 배는 겨우 67척이었다. 그중 절반은 다시는 바다에 나갈 수 없는 지경이었다.

승리의 월계관을 쓰고 화려하게 귀환할 줄로만 알았던 무적함대의 원정길은 무적함대 '궤멸의 길'로 끝났다. 이후 잉글랜드와 스페인의 분쟁은 16년 가까이 이어졌다. 그 와중에 잉글랜드 사략선이 신대륙에서 약탈한 스페인 재화는 연간 20만 파운드도 넘었다.

잉글랜드는 거기서 멈추지 않고 계속 힘을 키워 세계 각지에서 식민지를 획득하고 사상 최대 제국으로 차근차근 성장해 나갔다.

한편 스페인은 펠리페 2세가 왕위를 겸하던 포르투갈을 반란으로 잃었다. 또 네덜란드가 스페인으로부터 완전히 독립해 세계적 해군력을 자랑하는 국가로 급성장하며 스페인 경제권을 위협했다. 이후 네덜란드는 잉글랜드와 더불어 해양 패권 국가로 거듭났다.

스페인은 군사적으로나 경제적으로나 쇠퇴하며 몰락의 길로 들어섰다. 스페인 무적함대의 원정은 높이 떠올라 밝게 타오르던 스페인 제국의 해를 떨어뜨리는 트리거가 되었다.

필립 제임스 드 루테르부르, 〈스페인 무적함대의 패배〉

1796, 캔버스에 유채, 214.6×278.1cm, 국립해양박물관, 런던

Road
30

중앙아시아에 '몽골제국'을 재현한 티무르제국 건설의 길

티무르가 개척한 원정과 문화의 길이 인도 무굴제국으로 이어지다

13세기 초 칭기즈칸이 중앙아시아에 건국한 몽골제국은 동유럽까지 원정에 나서 동쪽으로는 아시아 대륙의 끝 동해, 서쪽으로는 지중해 연안까지 유라시아 대륙 대부분을 정복했다. 이후 몽골제국은 원나라와 소왕국인 사한국(四汗國)으로 분열했다. 이들 한국이 완전한 독립국이 된 것은 14세기 초 무렵이다.

그중 중앙아시아·서투르키스탄 지역에 자리 잡은 차가타이한국은 14세기 중반에 동서로 분열되는 혼란기를 맞이했다. 이러한 상황에 두각을 나타낸 인물이 과거 서투르키스탄으로 이주한 몽골 귀족의 자손 티무르(Timur, 재위 1370~1405)였다. 티무르는 1370년에 마와라안나흐르 지방을 통일하고 칭기즈칸 정복 이후 폐허가 된 사마르칸트를 수도로 티무르왕조를 창시했다.

티무르는 튀르크어를 사용하는 이슬람교도였으나 분열된 칭기즈칸의 '몽골제국 재현'을 목표로 삼았다. 그래서 건국 이후 30년에 걸쳐 원정과 정복전쟁을 반복했다. 티무르는 동차가타이한국, 일한국, 킵차크한국 영토를 모두 제압하고 인도로 침입한 후 다시 서아시아에서 소아시아 방면으로 진출했다.

티무르의 원정이 계속되자 몇몇 서아시아 국가가 티무르에 대항하는 동맹을 맺어 함께 저항했다. 동맹 가운데 아나톨리아를 중심으로 성장한 오스만제국이 특히 강적이었고 티무르제국과 오스만제국 사이에 긴장감이 고조되던 중 드디어 양국이 맞붙었다. 오늘날 튀르키예 수도 앙카라 부근에서 벌어진 '앙카라 전투'로, 1402년의 일이다.

전투는 티무르의 압승으로 끝났고 오스만제국의 술탄 바예지드 1세(Bayezid I, 1389~1402)는 포로로 사로잡히고 말았다. 티무르는 티무르제국의 수도 사마르칸트로 적국의 왕을 끌고 가려 했으나 바예지드 1세가 독을 먹고 스스로 목숨을 끊었다.

티무르의 원정은 실로 광범위하게 진행되어 본거지인 중앙아시아에서 서아시아까지 세력을 확장했다. 티무르는 불과 30여 년 만에 동쪽은 중국 서부 변경, 서쪽은 지중해 동안, 북쪽은 킵차크 고원, 남쪽은 인도 북부에 이르는 광활한 영토를 다스리는 지배자가 되었다.

티무르의 원정로

14세기 중앙아시아에서 부상한 티무르는 몽골제국의 재통일을 목표로 주변국을 정복했으며 1402년에는 앙카라 전투에서 오스만제국을 무찔렀다.

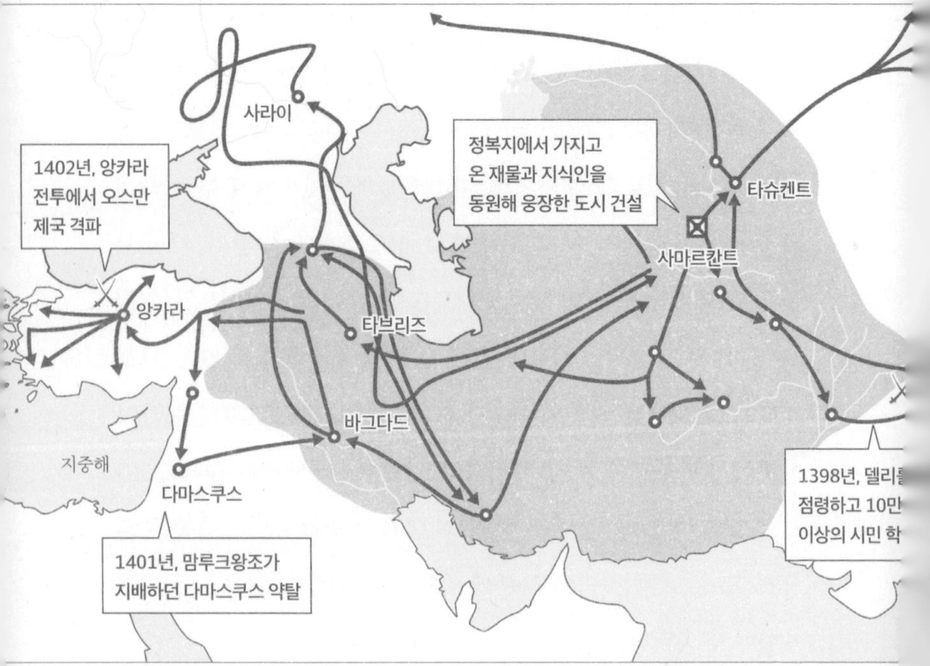

'비정한 정복자'와 '티무르왕조 문화의 창시자'라는

두 얼굴을 가진 입체적 인물 티무르

티무르는 자신을 거스르는 것은 결코 용서하지 않는 정책으로 일관했다. 애초에 복종 의사를 밝힌 도시는 얼마간의 보증금을 지불하면 파괴와 약탈을 면제했으나 맞서려는 도시는 철저히 짓밟았다. 항복 권고에 응하지 않은 바그다드에서는 10만 명, 이스파한에서는 7만 명의 군인과 민간인을 학살했다.

한편으로 티무르는 지배 지역의 경제 활동을 중시해 큰 도시에 시장을 세우고 무역을 장려했다. 또 서아시아 정복지에서 우수한 기술자, 예술가, 학자, 지식인을 수도 사마르칸트로 데려와 거대한 모스크와 교육 기관인 마드라사를 건설했다.

사마르칸트는 '푸른 도시'라고 불렸는데, 터키석의 푸른 빛깔 타일로 장식한 모스크의 돔이 곳곳에 흩어져 있었기 때문이다. 이슬람 사회에서 푸른색은 깨끗함을 상징해 부정한 것을 쫓는 의미도 지니고 있었다. 이런 이유로 이슬람교도인 티무르는 푸른색을 가장 좋아했다. 그는 제국의 수도를 온통 푸른색으로 치장하게 했다.

티무르는 비정한 정복자의 얼굴과 당시 가장 앞선 '티무르왕조 문화'의 창시자라는 두 가지 얼굴을 가지고 있었다. 그는 사마르칸트를 이슬람 세계 학문의 중심지로 만들었다. 티무르는 밖으로 뻗어

가는 '원정의 길'과 안으로 향하는 '문화의 길'을 동시에 일구었다.

중앙아시아에서 서아시아에 걸친 거대한 제국과 문화를 창출한 티무르는 염원하던 중국 원정길에 올랐다. 1404년 11월, 티무르는 예순여덟 살이었다. 이것이 그의 마지막 원정이 되었다.

티무르제국의 20만 대군이 사마르칸트를 출발해 명나라로 진군했다. 그러나 1405년 1월, 중앙아시아의 오트라르(오늘날의 카자흐스탄)까지 진군했을 때 병을 얻은 티무르는 한 달 후 그곳에서 세상을 떠났다.

티무르의 죽음으로 중국 원정은 중단되었고 그의 유해는 사마르칸트로 운구되었다. 평생의 절반 이상을 원정에 쏟아부은 인생은 원정길에서 끝이 났다.

티무르제국은 티무르가 세상을 떠난 후 사마르칸트와 헤라트로 분열하며 급격하게 국운이 기울었다. 중앙아시아에서 발흥한 우즈베크인 세력이 사마르칸트와 헤라트를 멸망시킨 것은 각각 1500년, 1507년이다.

그러나 1526년에 티무르의 후손 바부르(Bābur, 재위 1526~1530)가 인도를 원정해 델리술탄왕조를 무너뜨리고 무굴왕조를 창시함으로써 마침내 인도에서 무굴제국의 장엄하고 화려한 이슬람 문화가 꽃을 피웠다.

티무르가 개척한 원정과 문화의 길이 시대를 초월해 인도로 이어진 것이다.

사마르칸트의 시르도르마드라사
티무르제국 수도 사마르칸트는 정복지에서 동원해 온 기술자, 예술가, 학자에 힘입어 문화 도시로 변모했다.

Road

31

훗날 초강대국 미국 탄생을 가능케 한 첫 번째 전환점, 델라웨어강 도하의 길

독립전쟁의 열세를 뒤집은 조지 워싱턴의 '크리스마스 공격'

18세기 중반, 영국은 북아메리카 동부 해안을 중심으로 식민지 13개를 거느리고 있었다. 당시 영국은 아메리카 대륙 식민지 지배에 있어 다소 느슨한 태도를 취했다. 이에 식민지 사람들은 영국이 프랑스를 상대로 벌이는 식민지 전쟁을 돕는 한편 농업과 상공업을 발전시키며 생활 터전을 다져 갔다.

1754년 북아메리카에서 선주민(인디언) 부족과 동맹을 맺은 프랑스가 영국 식민지를 공격하면서 시작된 '프렌치·인디언 전쟁'에서 마침내 영국이 승리한 것은 1763년의 일이다. 이 승리로 영국은 캐나다와 미시시피강 동안을 획득해 북미 식민지 지배 경쟁에서 우위를 차지했다.

동인도회사 선박을 습격해 홍차 342상자를 바다에 폐기하며

제국주의 국가 영국에 맞선 북아메리카 식민지 사람들

식민지를 둘러싸고 프랑스와 맞붙은 전쟁에서는 식민지 사람들도 적극적으로 영국에 협력했다. 그런데 프렌치·인디언 전쟁의 승리로 프랑스의 위협이 사라지자 상황이 달라졌다. 영국은 식민지를 강력히 통제하기 시작했고 전쟁에 소요된 비용과 식민지 통치 비용을 식민지에 청구해 세금 부담이 가중되었다.

1765년, 북아메리카 식민지에 신문, 팸플릿, 증권, 트럼프 등을 인쇄할 때 인지를 의무적으로 부착해야 하는 '인지법'이 제정되었다. 이에 대해 식민지는 본국에서 개최된 의회에 식민지에서 의원을 파견하지 않았다는 이유로 영국 화폐 거부 운동을 전개하며 인지법 철폐를 요구했다. 그러나 식민지에 더 많은 부담을 지우려는 본국의 방침은 바뀌지 않았다.

1773년에는 정부와 민관이 공동으로 투자해서 설립한 동인도회사의 차를 식민지에 무관세로 독점 판매할 수 있는 '차법'이 제정되었다. 그러자 식민지 사람들의 분노가 폭발했다. 급진파 사람들은 아메리칸 인디언으로 변장하고 보스턴에 입항한 동인도회사 선박을 습격해 홍차 342상자를 바다에 폐기했다. 이것이 바로 1773년 12월 16일 밤에 일어난 '보스턴 차 사건'이다.

본국의 불합리한 요구가 계속되자 북아메리카 식민지에 독립의 기운이 고조되었다. 그리고 1775년 4월, 렉싱턴과 콩코드에서 영국군과 식민지 민병대가 무력 충돌하며 독립전쟁의 포문을 열었다. 이듬해 7월 4일 열린 대륙회의에서는 토머스 제퍼슨이 초안을 작성한 '독립선언'이 채택되었다.

식민지 민병대는 최고 사령관 조지 워싱턴이 이끄는 정식 군대 '대륙군'으로 조직되어 독립을 저지하려는 영국군에 맞섰다. 대륙군은 독립을 향한 희망으로 불타올랐으나 사실 대다수가 자비로 총을 마련한 농민이나 상인 같은 민병으로 정규 군사 훈련을 받지 않은 군대였다. 이러한 약점을 잘 알고 있던 워싱턴은 치열한 접전을 피하고 적의 보급로를 파고들어 기습하는 게릴라 전술을 활용해 교묘하게 영국군을 압박했다. 그러나 영국군이 증원되면서 대륙군은 당해내지 못하고 패퇴했다. 결국 대륙군은 뉴욕을 빼앗기고 병력의 3분의 2를 상실했다. 이는 1776년 12월의 상황이다.

뉴욕을 빼앗긴 후 수세에 몰려 있던 대륙군이 단번에 전세 역전의 계기를 마련한 델라웨어강 도하 작전

영국군은 뉴욕을 점령하며 승리를 확신했고 대륙군을 더욱 압박해 겨울나기에 들어갔다. 워싱턴이 승리를 전망한 것은 바로

에마누엘 로이체, 〈델라웨어강을 건너는 워싱턴〉
1851, 캔버스에 유채, 379×648cm, 메트로폴리탄미술관, 뉴욕

이때였다. 여기서부터 아메리카 독립을 위한 공세의 길이 펼쳐졌으며 그 길을 앞장선 이는 조지 워싱턴이었다.

크리스마스 밤, 은밀하게 델라웨어강을 건넌 워싱턴은 먼저 뉴저지주 트렌턴의 독일인 용병 부대를 기습해 항복을 받아냈다. 이어서 이듬해 1월 3일에는 허둥지둥 남하한 영국군 부대를 뉴저지주 프린스턴에서 격파했다.

그때까지 열세에 처해 있던 대륙군은 이 델라웨어강 도하 작전이라는 작은 '국지전 승리'로 침몰하던 사기를 충전해 식민지의 수도 필라델피아를 영국군의 압박에서 해방하는 데 성공했다. 델라웨어강 도하 작전이 전세 역전의 계기를 마련한 것이다.

대륙군은 1777년 10월, 뉴욕주 북동부의 새러토가에서 남하 중인 영국군을 격파했다. 새러토가 전투 승리 소식이 전해지자 그때까지 사태를 관망하며 참전을 주저하던 프랑스 측이 식민지 동맹에 가담했다. 프랑스가 부르봉왕조의 백합 문장이 들어간 총기를 제공하기 시작하자 전쟁 국면은 본격적으로 대륙군이 우위를 점하는 방향으로 기울었다. 여기에 스페인, 네덜란드 또한 대륙군에 힘을 보태고 러시아가 무장 중립 동맹을 제창하자 영국은 고립되었다. 국제 정세에서도 대륙군이 우위에 서게 된 것이다.

1781년, 영국군은 버지니아주 요크타운을 침공했다. 그러나 반도 끝에 자리한 요크타운의 지리적 위치를 활용해 대륙군과

미국 독립전쟁의 격전지였던 렉싱턴·콩코드 옛 전장에 세워진 민병대상

미국 제1대 대통령 조지 워싱턴(George Washington, 재임 1789~1797)

프랑스군이 영국군을 포위했다. 여기에 프랑스 해군의 포격이 더해지자 영국군은 항복할 수밖에 없었다. 이로써 아메리카합중국의 독립이 결정되었다. 이후 1783년 파리 조약으로 아메리카합중국의 독립이 정식으로 승인되었다.

워싱턴은 1787년에 필라델피아에서 열린 합중국 헌법 제정 회의 의장을 맡았고 여기에서 헌법이 채택되었다. 그리고 1789년 4월에 워싱턴은 초대 대통령으로 취임했다. 그는 대통령을 연임한 후에 3선에도 나설 거라고 기대를 모았으나 사퇴하고 고향으로 돌아갔다.

아메리카의 독립은 본국 영국의 횡포에 맞서 민중이 스스로 총을 잡고 고전 끝에 획득한 것이었다. 워싱턴이 델라웨어강을 건너며 시작한 '반격의 길'은 오늘날까지 미국에 살아 숨 쉬는 건국정신의 기초가 되었다.

Road

32

프랑스 절대왕정의 운명을 결정지은 바렌 도주의 길

루이 16세와 마리 앙투아네트가 바렌으로 도주하지 않았다면
그들과 프랑스 절대왕정의 운명은 달라졌을까

프랑스가 아메리카 독립전쟁에 참전함으로써 영국의 패배가 확정되었다. 이로써 프랑스는 영국의 기를 꺾어놓는 데는 성공했으나 거액의 전쟁 비용을 부담하느라 국고가 바닥나고 재정난에 처해 제 손으로 무덤을 판 꼴이 되고 말았다.

국왕 루이 16세와 국민의회가 격렬히 대립하며 극한 상황으로 치달은 18세기 프랑스

18세기 중반 프랑스는 절대왕정 체제를 유지하고 있었다. 그러나 루이 14세(Louis XIV, 재위 1643~1715) 시대에 크고 작은 전쟁이 계속되고 궁정의 사치는 날로 심해진 데다 높은 귀족 연금을 충당하느라 국가 재정은 악화되기만 했다. 오랫동안 왕위에 있던 루이 15세(Louis XV, 재위 1715~1774)가 승하하고 스무 살의 젊은 루이 16세(Louis XVI, 재위 1774~1792)가 왕위에 올랐다.

루이 16세는 형의 죽음으로 갑자기 왕위 계승자가 된 터라 제왕 교육을 충분히 받지 못한 채 왕이 되었다. 게다가 국사에 관심이 없고 우유부단하고 우둔한 성정에 무릇 국왕으로서 갖추어야 할 위엄을 갖추지 못한 인물이었다. 그래도 국내 정세가 안정되었더라면 측근의 보필을 받으며 무난하게 국정을 운영할 수 있었을 지도 모른다.

그런데 당시 프랑스는 아메리카 독립전쟁을 지원하며 천문학적인 액수의 돈을 쏟아부음으로써 심각한 재정 위기에 빠져 있었다. 프랑스 정부는 이러한 위기를 타개하기 위해 면세 특권을 인정하던 귀족과 성직자에게 세금을 부과하는 새로운 과세 정책을 시도했다.

귀족은 당연히 크게 반발하며 성직자, 귀족, 평민 세 신분의 대표로 구성되는 삼부회 소집을 요구했다. 왕권을 제한해 과세를 회피하려는 생각이었다. 1789년에 전국 삼부회가 베르사유에서 개최되었으나 의결 방법을 둘러싸고 대립이 발생했다. 그러자 제3신분(평민) 의원들은 삼부회에서 독립해 '국민의회'를 결성했다. 그런데 상황을 오판한 루이 16세가 의회를 폐쇄해버렸다. 이에 격노한 제3신분 의원들은 인접한 테니스코트에 모여 헌법이 제정될 때까지 국민의회를 해산하지 않겠다고 결의했다. 이 사건이 '테니스코트 서약'이다.

그러나 국왕이 무력으로 탄압하는 방법만 고수하려 하자 이제 파리 시민이 들고일어났다. 파리 시민은 탄약 등의 무기를 확보하고자 바스티유감옥을 습격했고 이어 파리를 접수했다. 1789년 7월 14일에 일어난 이 바스티유감옥 습격이 프랑스혁명의 거센 물결을 불러일으켰다.

폭동이 각지로 번져 나갔고 농민이 봉기하는 등 전국적 혁명으로 발전할 조짐이 보이자 8월 26일에 개최된 의회에서 봉건적 특권을 폐지하고 "인간과 시민의 권리를 위한 선언(인권선언)"을 채택했다. 그런데 이번에도 국왕이 반대하고 나서자 민중이 베르사유궁으로 밀고 들어가는 사태로 번졌다. 베르사유 행진으로 궁지에 몰린 국왕 일가가 파리로 거처를 옮기자 의회도 왕을 따라 파리로 이동했다.

바렌 도주 사건이 루이 16세 국왕과 앙투아네트 왕비의 최악의 선택이 될 수밖에 없었던 까닭

국왕 일가가 파리 튀일리궁에서 생활한 지 1년 8개월이 넘어

프랑스혁명의 흐름

1789년에 촉발된 프랑스혁명은 온갖 정치 세력이 권력 투쟁을 되풀이하는 혼란을 겪었다. 그 과정에서 일어난 바렌 도주 사건은 국민이 국왕을 등지는 결정타가 되었다.

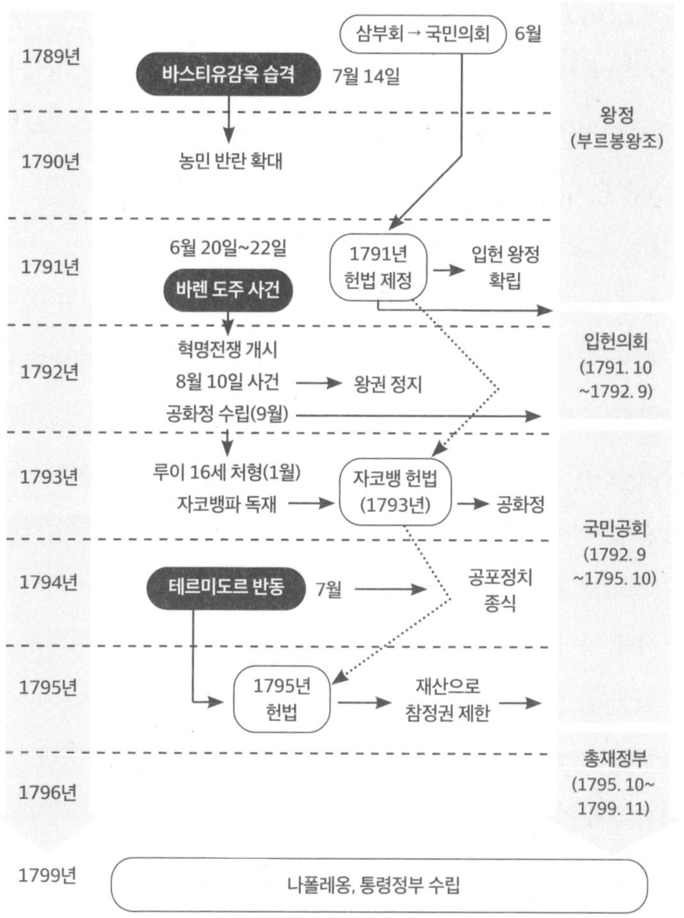

가고 있었다. 파리 생활에 지친 국왕 일가는 헌법 공포를 앞두고 도주를 계획했다. 이 도주극은 오스트리아에서 루이 16세에게 시집온 왕비 마리 앙투아네트와 그녀와 친분이 있던 스웨덴의 한스 악셀 폰 페르센 백작이 주도했다. 마리 앙투아네트는 별 생각 없이 정치에 개입해 혼란을 일으키고 허영에 가득 차 사치하고 낭비한다는 이미지로 알려져 민중이 가장 증오하는 대상이 되었다. 신변에 위협을 느낀 왕비는 왕을 설득해 페르센 백작과 도주한다는 계획을 밀어붙였다. 페르센 백작은 개인 자금과 지원금으로 거액을 마련하고 왕가의 도주를 준비했다.

페르센 백작은 귀족이 장기 여행을 가는 것처럼 위장한 마차에 왕과 왕비, 왕의 여동생, 왕태자와 공주를 태워 파리에서 탈출시킨다는 계획을 마련했다. 목적지를 어디로 할 것인지에 대해, 마리 앙투아네트는 프랑스를 나가 스위스나 벨기에로 잠시 몸을 피했다가 친정인 오스트리아의 원군을 얻어 정권을 탈취하자고 주장했다. 그러나 우유부단한 루이 16세는 망명을 거부하며 파리를 나가 왕당파 세력이 많은 지역에 피신했다가 반격하기를 희망했다.

그래서 파리에서 멀리 떨어진 안전한 국경 부근 지역으로 프랑스 동부의 오스트리아령 벨기에와 가까운 몽메디를 목적지로 선택했다. 이동 경로로는 파리에서 직진해 랭스를 지나는 북쪽 경로와 샬롱쉬르손과 바렌을 거쳐 약간 돌아가는 남쪽 경로가 후보에 올랐다. 협의 끝에 국왕의 대관식을 거행한 랭스를 지나면 국왕의 얼굴을 아는 사람이 많아 위험하다고 판단해 남쪽 경로로 결정했다.

1791년 6월 20일 새벽 3시. 루이 16세와 앙투아네트 왕비를 비롯한 왕가 여섯 명이 준비된 마차에 올랐고 280킬로미터쯤 떨어진 몽메디를 향해 출발했다.

일행은 러시아 귀족 코르푸 남작 부인이 러시아로 귀국하는 길이라는 설정으로 위장해 남작 부인 역할은 왕태자의 보모였던 투르젤 후작 부인이 맡았다. 후작 부인의 두 딸 역할은 공주와 왕태자가 맡았고 부인의 친척 딸 역할은 왕의 여동생이 맡기로 했다. 그리고 왕은 집사, 왕비는 보모로 변장해 여섯 명이 한 마차에 탔다. 페르센 백작은 마부 역을 맡아 직접 고삐를 잡고 마차를 몰았다.

이렇게 국왕 일가는 미래로 이어지는 길을 달리기 시작했다. 그리고 한 시간 반 후에 클레수이이에서 대기하고 있던 시녀 일행 마차가 합류했다. 마차는 도중의 여관에서 몇 번씩 말을 바꾸어가며 한적한 농촌 지대를 내달려 가장 난관으로 여겨진 혁명파의 거점인 샤론 마을도 오후 4시 무렵 무사히 통과했다. 그 후에는 주요 길목에 호위대가 대기하고 있었기에 일행은 안도의 한숨을 내쉬었다. 그러나 몽메디를 코앞에 둔 바렌에서 일행의 정체가 발각되어 국왕 일가는 파리로 압송되었다.

루이 16세 국왕 일가가 탄 마차를 멈추려는 바렌 시민들

프랑스 절대왕정이 나아갈 길을 알려준 바렌 도주 실패 사건

국왕 일가의 도주는 실패로 끝났다. 이로써 바렌으로 가는 그들의 길은 죽음의 길이 되었다. 민중은 국왕에게 크게 실망했다. 실망은 곧 분노로 폭발했고 왕의 권위는 바닥에 떨어졌다. 바렌 도주 사건 이후 프랑스 왕정 자체에 대한 회의적인 분위기가 팽배해졌다.

프랑스혁명에 간섭한 프로이센과 오스트리아 연합과의 전쟁에서 전황이 프랑스 측에 유리하게 돌아가자, 혁명의 불길은 더욱 뜨거워졌고 왕권은 정지되었다. 국왕 일가를 유폐하고 1792년 9월에 공화정을 선언한 혁명정부는 이듬해 1월에 국왕을 공개 처형했다. 또 국민공회에서 민중의 지지를 얻은 급진파인 자코뱅이 독재 체제를 굳힘에 따라 반혁명 용의자는 줄줄이 처형당했다. 마리 앙투아네트 왕비도 단두대를 피할 수 없었다. 바렌 도주 사건 실패는 프랑스 절대왕정이 가야 할 길을 알려준 길이 되었다.

4

오늘날 패권 국가 틀을 만든 근·현대의 7가지 길

[주요 연표]

1799년	브뤼메르 18일 쿠데타. 나폴레옹이 통령정부를 수립하다.
1804년	나폴레옹이 황제로 즉위하고 나폴레옹 법전이 제정되다.
1806년	신성로마제국이 해체되다.
1812년	나폴레옹이 러시아 원정에 실패하다.
1814년	나폴레옹이 실각하고 빈 회의가 개최되다. ☞ p. 298
1815년	나폴레옹이 워털루 전투에서 패배한 후 세인트헬레나섬에 유배되다.
1830년	프랑스에서 7월혁명이 발발하다.
1840년	영국이 청나라를 상대로 아편전쟁을 일으키다.
1848년	프랑스에서 2월혁명이 발발하다.
1851년	청나라에서 태평천국의 난이 발생하다.
1853년	크림 전쟁에서 영국·프랑스·오스만제국이 러시아와 싸우다. ☞ p. 314
1861년	미국에서 남북전쟁이 발발하다. 이탈리아왕국이 건국되다. 러시아의 알렉산드르 2세가 농노 해방령을 공포하다.
1869년	미국의 대륙횡단철도가 개통되다. ☞ p. 306
1871년	프로이센·프랑스 전쟁으로 독일제국이 세워지다.
1875년	영국이 수에즈 운하 주식을 매수하다. ☞ p. 330
1894년	청일전쟁이 발발하다.
1898년	미국·스페인 전쟁에서 미국이 승리하다. 청나라에서 무술변법(변법자강운동)이 일어나다.

1900년	청나라에서 의화단사건이 일어나다.
1903년	러시아가 만주를 점령하다.
1904년	러일전쟁이 발발하다. 이듬해 쓰시마 해전이 벌어지다. ☞ p. 322
1911년	중국에서 신해혁명이 발발하다. 이듬해 중화민국이 성립하다.
1914년	사라예보 사건이 발생해 제1차 세계대전이 시작되다. ☞ p. 336
1917년	러시아혁명(3월혁명, 11월혁명)이 발생하다.
1919년	베르사유 조약이 체결되다.
1922년	소비에트사회주의공화국연방이 수립되다.
1929년	세계 경제 대공황이 시작되다.
1930년	런던 군축회의가 개최되다.
1931년	만주 사변이 터지고 이듬해 '만주국' 건국이 선언되다.
1933년	독일에서 히틀러 내각이 성립하다.
1936년	시안 사건이 발생해 제2차 국공합작이 성립하다.
1937년	루거우차오 사건이 발생해 중일전쟁에 돌입하다.
1938년	뮌헨 회담이 개최되다.
1939년	독일이 폴란드를 침공하면서 제2차 세계대전이 시작되다.
1941년	태평양전쟁이 시작되다.
1945년	일본이 포츠담 선언을 수락함으로써 제2차 세계대전이 종결되다. ☞ p. 342

Road

33

결국 유럽에 뿌리내린 자유와 국민주의 기운의 싹을 잘라내고 보수반동체제로 회귀하게 만든 나폴레옹 정권 실패의 길

인류사 최고의 영웅 나폴레옹의 두 번째 몰락

프랑스혁명 이후 프랑스는 안정을 찾지 못하고 중심 세력이 수시로 교체되는 혼란한 상황이 계속되었다. 이러한 때 강렬한 카리스마로 프랑스 정국을 휘어잡은 인물이 등장했다. 지중해 코르시카섬 출신 군인으로 군사독재정권을 세워 혁명 활동에 마침표를 찍은 인물, 바로 나폴레옹 보나파르트(Napoleon I, 재위 1804~1814, 1815~1815)다.

나폴레옹은 프랑스 내란을 진압하고 이탈리아 원정에서 오스트리아를 격퇴하는 등의 전공을 세워 명성을 얻어나갔다. 그는 이집트 원정 도중에 프랑스 총재정부가 국민의 지지를 상실했다는 소식을 듣자 급히 귀국했다. 그리고 쿠데타를 지휘해 통령정부를 수립하고 군사독재를 개시했다. 1799년 1월의 일이다. 나폴레옹은 중앙은행 창설과 나폴레옹 법전 공포 등 내정 개혁에 착수해 국내 안정에 힘을 쏟는 한편 오스트리아를 재침공하는 등 외정도 소홀히 하지 않았다. 이런 실적과 명성에 힘입어 나폴레옹은 1804년에 황제로 즉위했다.

황제 나폴레옹 1세는 더욱 적극적으로 세력을 확대해 한때 영국을 제외한 '유럽 대륙의 지배자'로 군림했다. 당연히 유럽의 다른 나라들은 나폴레옹 세력이 점점 커지는 것에 대한 경계 태세를 강화했다. 나폴레옹은 영국을 견제하기 위해 실시한 대륙봉쇄령에 반기를 든 러시아에 보복하고자 러시아 원정에 나섰으나 처절한 실패를 맛보았다. 이는 1812년의 일이다. 나폴레옹의 러시아 원정 실패의 영향은 이듬해까지 이어졌다. 1813년 라이프치히에서 벌어진 프로이센, 러시아, 오스트리아 3국 연합군과 나폴레옹군이 맞붙은 전투에서 나폴레옹군은 연합국을 당해낼 수 없었다. 라이프치히 전투에서 패배한 나폴레옹은 황제 지위를 잃고 엘바섬에 유배되었다.

엘바섬을 탈출한 나폴레옹, 20일 만에 다시 황제 자리로 돌아오다

나폴레옹이 실각하고 나폴레옹 전쟁 이후 유럽 영토 재편과 혼란을 수습하기 위해 오스트리아 외무장관 메테르니히를 의장으로 오스트리아, 영국, 프로이센, 러시아, 프랑스의 수뇌가 오스트리아 빈에 모였다. 1814년 9월이었다.

그런데 빈 회의는 국가 간 이해관계가 충돌하며 좀처럼 합의에 이르지 못했다. 특히 러시아와 프로이센의 영토 확장 요구를 둘러싸고 회의는 분열 상태에 빠져들어 결론을 내리지 못하고 10개월이나 이어졌다. 의견 대립이 심해질수록 메테르니히는 파티를 열어 왈츠를 추고 패전국 프랑스가 반입한 와인을 마시면서 분위기가 반전되기를 유도했다. 이로 인해 "회의는 조금도 진전되지 않은 채 춤만 추고 있을 뿐이다"라는 풍자 문구가 나돌기도 했다.

한편 프랑스에서는 부르봉왕조가 부활해 루이 16세의 남동생 루이 18세(Louis XVIII, 재위 1814~1815, 1815~1824)가 즉위하는 '왕정복고'가 이루어졌다. 이에 따라 왕권 확대를 노리는 왕당파에 대한 불만이 고조되었다.

이 시기 엘바섬에 있는 나폴레옹은 무엇을 하고 있었을까? 그는 촉각을 곤두세워 프랑스 국내 소식을 수집하고 사태를 관찰하며 조용히 때를 기다리고 있었다. 마침내 파리에서 나폴레옹 부활을 추진하는 밀사가 도착했다.

기회가 왔다고 판단한 나폴레옹은 엘바섬을 탈출해 재기를 노리는 승부수를 던졌다. 1815년 2월 26일 밤, 나폴레옹은 군함을 타고 섬에서 나와 3월 1일 오후 병사 1,000여 명을 이끌고 칸

오라스 베르네, 〈1814년 4월 20일 퐁텐블로 왕실 근위대와 작별하는 나폴레옹〉
1824, 캔버스에 유채, 97.5×130cm, 베르사유궁미술관

에 상륙했다. 그리고 정권 탈환을 목표로 파리 귀환길에 올랐다. 왕당파 세력이 강한 프로방스 지역을 피해 알프스 서쪽 해발고도 1,000미터에 달하는 겨울 산길을 하루 50킬로미터 넘는 속도로 북상해 대량의 무기와 탄약을 확보할 수 있는 그르노블로 향했다.

3월 7일, 나폴레옹 본대는 그르노블 근처 라프레에서 국왕군과 대치했다. 이때 레종 도뇌르 훈장을 가슴에 단 나폴레옹은 소총을 안고 있는 적의 대열 앞으로 나갔다. 그리고 병사들을 향해 당당하게 외쳤다. "만일 너희 중에 자신의 황제를 쏘고 싶은 자가 있다면 주저하지 말라. 나는 여기에 있다."

그러자 "황제 폐하 만세!"라는 함성이 울려 퍼졌고 병사들이 나폴레옹 주위에 모여들었다. 다른 군대도 차례차례 나폴레옹 측에 귀순했고 시민들도 황제를 지지해 나폴레옹군은 그날 중 그르노블에 무혈 입성했다. 이 사건이 나폴레옹 재기의 중요한 분기점이 되었다.

나폴레옹은 이후로도 수비대와 국왕이 파견한 진압부대를 귀순시키며 계속 북상해 3월 13일에 리옹에 입성했다. 3월 18일에는 오세르에서 나폴레옹 토벌군의 사령관이자 과거 부하였던 미셸 네 원수에게 항복을 받아냈다. 루이 18세는 나폴레옹의 기세에 두려움을 느껴 3월 20일 새벽에 파리를 탈출하고 그날 밤 나폴레옹은 시민의 환영을 받으며 파리로 들어왔다. 시민들은 돌아온 황제를 어깨 위에 태우고 행진했다. 나폴레옹은 파리 튀일리궁에 입성해 시민들의 열광적인 환영 인사에 답했다. 엘바섬에서 나와 프랑스 영토로 들어섰을 때 반란자였던 나폴레옹이 불과 20일의 '귀환 여로'를 통해 다시 황제로 돌아온 순간이었다.

화려한 부활을 꿈꾸는 나폴레옹에게 워털루 전투 패배 못지않게 치명타를 입힌 유럽 재편성을 위한 정치 체제, '빈 체제'의 탄생

나폴레옹이 화려하게 귀환하는 것을 지켜본 유럽 각국에 다시 위기감이 확산되었다. 나폴레옹을 타도하기 위해서라도 빈 회의에서 조속한 타협이 이루어져야 했다. 결국 1815년 6월 9일 빈 회의에서 유럽 재편성을 위한 정치 체제인 '빈 체제'가 극적으로 성립되었다. 빈 체제는 프랑스혁명 이전 체제를 인정하는 정통주의와 각국의 세력 균형을 원칙으로 유럽의 질서를 유지하고자 하는 것이다. 빈 회의는 나폴레옹이 파리에 입성하기 전인 3월 13일에 이미 나폴레옹을 '무법자'라 결의하고 프랑스 군사 점령을 결정했다.

나폴레옹은 프랑스 방어를 위해 군사 시설과 장비 정비에 나섰으나 열렬했던 시민들의 지지는 언제 그랬냐는 듯이 사그라들고 있었다. 시민들은 대담한 개혁에 나서지 않는 나폴레옹에게

샤를 드 스퇴방, 〈나폴레옹의 귀환〉

1818, 캔버스에 유채, 97×128.5cm, 개인 소장

엘바섬에서 돌아온 나폴레옹 주위로 병사들이 몰려들어 축하하고 있다.

실망했다. 게다가 나폴레옹이 믿고 의지할 만한 인재가 부족해 왕년의 권력과 권위를 회복하기가 힘들었다. 나폴레옹이 자리를 지키기 위해서는 타국과의 전쟁에서 승리하는 수밖에 없었으나 유럽 각국은 나폴레옹에 대항할 만반의 태세를 갖추고 있었다. 나폴레옹의 마지막 전투는 오늘날의 벨기에에 속하는 워털루에서 벌어졌다. 1815년 6월 18일 일요일 유럽 동맹군과 맞붙은 전투는 나폴레옹이 이끄는 프랑스군의 완패로 끝났고 나폴레옹은 두 번째로 실각했다. 나폴레옹은 대서양에 떠 있는 절해고도 세인트헬레나섬에 유배되었고 그곳에서 쓸쓸히 생을 마감했다.

나폴레옹이 재기를 노리며 귀환의 길을 걷는 동안 유럽 각국은 위기감과 두려움에 사로잡혀 '프랑스 포위망'을 촘촘히 조이며 결속했다. 그리고 오랜 시간 이어진 빈 회의 이후 탄생한 것은 나폴레옹이 유럽에 뿌린 자유와 국민주의 기운의 싹을 잘라내는 보수반동체제였다.

Road
34

미국 재통일의 버팀목이 된 대륙횡단철도 부설의 길

미국 프런티어가 소멸하고 태평양 진출이 본격화하는 분기점

미국은 영국 식민지에서 독립한 이후 본격적으로 서부 개척에 나섰다. 서쪽으로 진출하며 영토를 계속 확장해 나아가다 마침내 태평양 연안에 도달한 것은 19세기 중반 무렵의 일이다. 미개척지, 즉 변경(邊境, frontier)이 사라지자 이번에는 태평양과 대서양을 잇는 교통의 중요성이 강하게 대두했다. 이에 적합한 교통수단으로 거론된 것이 당시만 해도 등장한 지 얼마 되지 않은 철도였다.

철도의 유익성은 이미 널리 알려져 미국 동부에는 일찍이 철도망이 부설되었다. 원래 철도는 증기기관의 발명에서 아이디어를 얻어 탄생했다. 1814년의 일이다. 이후 영국 발명가 조지 스티븐슨이 기술적인 완성도를 높여 철도를 실용화했다. 이는

1825년의 일이다. 1830년 영국의 리버풀과 맨체스터를 잇는 철도가 개통되었고 철도 실용화는 영국이 한 단계 도약하기 위한 발판이 되었다.

그 무렵 영국에서는 주력 제품인 면직물을 대량으로 생산하는 시스템을 갖출 수 있게 되었다. 그러고 나니 생산한 제품을 운송하는 문제에 직면했다. 이전까지 운송을 대부분 책임진 것은 운하였으나 이제 운하가 감당할 수 없는 지경으로 물량이 늘어났다. 그래서 화물이 출발하고 도착하는 리버풀 항구와 면직물을 가공하는 공업도시 맨체스터를 한 시간 만에 연결하는 철도를 부설했다.

철도를 활용해 신속한 대량 운송이 가능해짐으로써 영국은 다른 나라와의 경쟁에서 압도적 우위를 차지할 수 있었다. 그 결과 영국 면제품이 세계 시장을 휩쓸었다. 주요 도시를 잇는 철도 노선은 영국 산업혁명을 뒷받침했고 영국이 세계의 공장으로 발돋움하는 데 주요 원동력이 되었다.

남북전쟁이 최초의 '철도전쟁'으로 불리는 까닭은?

미국에서도 일찍부터 철도의 필요성이 제기되었다. 서부 개척이 진행됨에 따라 동부의 철도망을 연장하는 형태로 미국 동서를 연결하는 대륙횡단철도 건설을 두고 뜨거운 관심이 쏟아지기 시작했다. 1849년에는 뉴욕의 포목상 출신인 아사 휘트니가 대륙횡단철도 실지 조사를 시행하고 '태평양 철도 프로젝트'라는 팸플릿을 작성해 태평양과 대서양을 연결하는 대륙횡단철도의 필요성을 환기했다.

에이브러햄 링컨(Abraham Lincoln, 재임 1861~1865) 대통령도 원래부터 새로운 교통수단에 관심이 많았다. 1861년 대통령으로 취임한 이후, 링컨은 개발이 진행되어 비교적 풍요로운 동부와 사막과 로키산맥 등에 가로막힌 서부 및 서해안이 분단되는 상황을 염려해 연방 통합을 공고히 하기 위해서라도 대륙횡단철도의 필요성을 통감했다. 그래서 이듬해인 1862년에 태평양 철도 법안을 통과시켰다.

다만 이 즈음 미국은 동서 격차 이상으로 심각한 국가 분열 위기를 맞이했다. 바로 남부와 북부의 대립이었다. 상공업 도시로 발전한 북부와 면화 플랜테이션을 주축으로 한 농업이 발전한 남부는 그 산업 구조가 완전히 달랐다. 그래서 두 지역은 흑인 노예 문제를 두고 대립의 골이 나날이 깊어졌다. 북부에서는 자유로운 노동력을 확보하기 위해 노예제 폐지론이 힘을 얻었다. 반대로 남부에서는 노예 노동력 없이는 플랜테이션 농장을 경영할 수 없었기에 노예제 유지가 필수적이라고 주장했다. 양측은 팽팽하게 대립했다.

1890년대 미국 남부 면화 농장에서 일하는 흑인 노예 가족

남북 양 지역은 1820년에 미주리 협정을 체결해 세력 균형을 유지하고자 했다. 이는 곧 미주리주를 남북의 경계로 삼아 자유주와 노예주로 구분한 것이다. 그러나 북부에서는 노예제를 전면적으로 폐지해야 한다고 주장하는 목소리가 커져만 갔다. 그러던 중 1861년에 온건적인 노예 해방주의자이며 북부 출신인 링컨이 대통령으로 취임하자 이에 반발한 남부 11개 주가 합중국에서 탈퇴할 것을 표명한 후 아메리카 연합국(Confederate States of America)을 수립했다.

이렇게 미국은 남북으로 분열되었다. 같은 해 남군이 섬터 요새를 공격하며 남북전쟁이 시작되었고 링컨 대통령은 미국의 분열을 피하기 위해 공세를 결의했다.

초반에는 리 장군이 활약하는 남군이 우세했다. 그러나 북군이 경제력과 해군력에서 남군을 압도하며 서서히 역전 공세에 나섰다. 1861년에 시작된 남북전쟁은 1865년 남군이 항복을 선언함으로써 북군의 승리로 종결되었으며 양군을 합해 60만 명 가까운 사상자가 나왔다.

남북전쟁을 치르는 동안 대륙횡단철도 건설은 일시적으로 보류되었다. 하지만 북군은 연락선, 무기 보급, 운송 등에 철도를 적극적으로 활용하며 이전과는 다른 구도로 전쟁을 주도했다. 이로써 남북전쟁은 최초의 '철도전쟁'으로도 일컬어지며 근대전의 시작을 알리는 전쟁으로 평가받고 있다.

링컨 대통령은 왜 남북전쟁을 겪은 후 철도의 중요성을 강하게 확신하게 되었나

링컨 대통령은 남북전쟁을 겪으며 철도의 중요성을 확신하게 되었다. 신속하게 법안이 통과되자마자 대륙횡단철도 건설이 시작되었다. 동쪽에서는 유니언 퍼시픽 철도가 네브래스카주 오마하에서 샤이엔으로 가는 철도 건설을 진행했다. 서쪽에서는 캘리포니아의 센트럴 퍼시픽 철도가 새크라멘토, 리노로 가는 철도에 침목을 놓기 시작했다. 당초 공사기간을 10년으로 예상했지만 남북전쟁 중 군용 철도를 활용하며 축적된 기술 덕분에 예상보다 훨씬 빠른 속도로 건설이 진행되었다.

불과 4년 만인 1869년 5월 유타주 프로몬토리에서 두 선로가 연결되며 대륙횡단철도가 완공되었다. 철도의 마지막 못을 박는 개통 기념식이 열린 것은 5월 10일이었다.

이렇게 미국의 동부와 서부가 철도로 연결되었다. 이제 서부 개척을 이끌던 포장마차를 대신해 철도가 교통의 대동맥이 되었고, 서부 개척은 더욱 가속화되었다. 미국 경제는 비약적으로 발전했고 신속한 대량 운송 시스템을 갖춘 덕분에 공업 분야에서 급성장을 이루었다.

19세기 말에 이르러 마침내 미국은 세계 일등 공업국으로 우뚝 섰다. 대륙횡단철도는 남북전쟁의 후유증이 채 가시지 않은

1869년 5월 10일, 유타주 프로몬토리에서 거행된 대륙횡단철도 개통 기념식

미국이 새로운 시대로 진입하는 분수령 역할을 했다. 동서가 연결되면서 한 차례 분열을 경험한 후 '미국 재통일' 분위기로 빠르게 전환된 것이다. 서부 개척을 촉진하고 미국을 세계 경제 대국 최상위권에 올려놓은 철도는 미국이 20세기 패권 국가가 되는 데 있어 밑거름이 되었다.

Road

35

오스만제국, 유럽 열강과 충돌하며 끝내 전쟁으로 비화된 러시아 남하의 길

남하 정책이 저지되자 동쪽으로 눈을 돌린 러시아의 끈질긴 팽창 전략

러시아는 17세기 말 표트르 대제(Peter the Great, 재위 1682~1725) 시대부터 서유럽으로 곡물을 수출하기 위해 흑해에서 지중해로 가는 항로를 간절히 원했다. 이런 이유로 러시아는 남쪽으로 영토를 확장하는 '남하 정책'을 펼쳤다.

러시아의 남하 정책은 근세 이후의 숙원 사업이었다. 그러나 흑해로 통하는 길은 막강한 오스만제국이 지배하고 있었다. 러시아는 물러서지 않고 2세기 가까운 시간 동안 오스만제국과 공방전을 되풀이하며 남하를 추진하면서 지중해로 가는 '출구'를 개척하려 애썼다.

예카테리나 2세(Catherine the Great, 재위 1762~1796) 시대에 이르러 러시아는 두 번에 걸쳐 오스만제국과 전쟁을 치렀고 그 결과 흑해 북안의 크림반도를 획득했다. 나아가 오스만제국 내에서 흑해와 에게해를 연결하는 보스포루스 해협과 에게해와 마르마라해를 잇는 다르다넬스 해협의 자유통행권을 획득하고자 러시아는 1821년 그리스 독립전쟁에 참전해 영국, 프랑스와 함께 그리스를 지원했다. 그리스 독립전쟁에서 승리한 러시아는 1829년 오스만제국과 아드리아노플 조약을 체결해 서안의 발칸반도까지 세력을 확장하고 두 해협을 자유롭게 오갈 수 있는 통행권을 확보했다.

그러나 동지중해에 러시아의 지배력이 미치는 상황을 마뜩잖게 여긴 영국이 개입해 5개국 해협 조약을 체결하며 해협의 중립화를 시도하면서 러시아의 남하 정책은 일단 좌절되고 만다.

러시아는 왜 그토록 집요하게 '남하 정책'에 매달렸을까

러시아는 어떤 상황에서도 남하 정책을 포기할 수 없었다. 기회를 엿보던 중 약해진 오스만제국을 파고들 틈이 보였다. 유럽 열강이 오스만제국에서 독립을 꿈꾸는 이집트의 무함마드 알리 총감과 오스만제국 사이의 분쟁에 개입하며 세력 확장을 노리는 '동방문제'가 촉발되었다.

러시아의 니콜라이 1세(Nicholas I, 재위 1825~1855)도 동방문제에 편승해, 그리스정교 신자를 보호한다는 구실을 내세워 1853년에 오스만제국과 전쟁을 시작했다. 그러나 인도로 가는 무역로가 막히는 상황을 우려한 영국과 프랑스, 사르데냐왕국이 오스만제국을 지원하고 나섰다. 크림반도에서 벌어진 '크림 전쟁'은 이렇게 시작됐다.

연합군은 근대 장비로 무장하고 전쟁에 나섰지만 산업혁명에서 뒤처져 구식 무기밖에 없는 러시아군은 고전을 면치 못했다. 결국 흑해 함대가 포위된 채 1년 가까운 공방을 주고받은 끝에 러시아는 패배를 선언했다. 1856년에 파리 조약이 체결되며 흑해는 중립 지역이 되었다. 러시아는 흑해에서 함대를 완전히 철수시켜야 했다. 이렇게 러시아의 남하 정책이 다시 후퇴했다.

이후 러시아는 농노해방령을 발포하고 국내 근대화를 위해 힘을 쏟았다. 그리고 오스만제국에 또다시 싸움을 걸었다. 1877년~1878년에 벌어진 러시아-튀르크 전쟁이었다. 영국 등이 참전하기 전에 재빨리 승리한 러시아는 산스테파노 조약을 체결하고 오스만제국이 세르비아, 몬테네그로, 루마니아 등 발칸반도 국가의 독립을 승인하도록 요구해 발칸반도의 독립을 쟁취했다.

또 도나우강에서 에게해에 이르는 지역에 불가리아가 건국하도록 힘을 썼다. 러시아는 불가리아에 지배력을 행사함으로써 크림반도를 거치지 않고 발칸반도를 거쳐 지중해로 나가는 발판을 마련할 수 있었다.

크림 전쟁 중 1854년 10월 25일 영국과 러시아가 맞붙은 발라클라바 전투

그러자 영국과 오스트리아가 맹렬하게 반대하고 나섰고, 1878년에 베를린 회의를 개최해 발칸반도를 두고 유럽 열강의 이해 대립을 조정했다. 회의 결과 불가리아는 영토 대부분을 상실한 채 소국으로 축소되었고 러시아는 에게해로 가는 길목을 차단당했다.

러시아가 국제사회의 반대 여론을 무릅쓰고 '극동 방면 남하 정책'을 밀어붙인 이유

영국의 책략으로 남하 정책을 저지당한 러시아의 알렉산드르 2세(Aleksándr II Nikoláyevich, 재위 1855~1881)는 오스만제국을 지나는 남하를 포기하고 이미 발판을 닦아놓은 극동 방면으로 남하하기로 노선을 변경했다.

러시아는 아무르강을 수로로 이용하기 위해 청나라가 혼란한 틈을 이용해 1858년에 아이훈 조약을 체결하고 아무르강 이북을 차지했고 1860년에는 베이징 조약으로 연해주를 획득했다. 광활한 영토를 활용해 영국의 이권과 직접 대립하지 않는 태평양 방면으로 남하해 오호츠크해 연안에 블라디보스토크항을 개발하고 극동 공략의 거점 기지로 삼았다. 개국한 지 얼마 안 된 일본과도 1855년에 러일 통상 조약을 체결해 국교를 수립했다.

러시아의 남하 정책 관련 연표

1821~1829년	그리스 독립전쟁	
1829년	아드리아노플 조약 → 러시아가 흑해, 보스포루스 해협, 다르다넬스 해협의 자유통행권 획득	남하
1831~1833년	제1차 이집트 – 튀르크 전쟁	
1839~1840년	제2차 이집트 – 튀르크 전쟁	
1841년	5개국 해협 조약 → 보스포루스 해협, 다르다넬스 해협의 중립화와 외국 군함의 항행 금지로 러시아의 남하 좌절	좌절
1853~1856년	크림 전쟁	
1856년	파리 조약 → 튀르크의 영토 보존, 흑해 중립화가 결정되어 두 해협을 매개로 한 러시아의 남하가 완전히 좌절	좌절
1858년	아이훈 조약 → 청나라가 러시아에 스타노보이산맥과 아무르강 사이 영토를 할양	남하
1860년	베이징 조약 → 연해주 획득	남하
1873년	부하라한국, 히바한국을 보호국으로 삼다	남하
1875년	코칸트한국을 병합하다	남하
1876~1878년	러시아 – 튀르크 전쟁	
1878년	산스테파노 조약 → 루마니아, 세르비아, 몬테네그로 독립, 불가리아의 자치령화로 발칸반도에서 러시아 세력 확장 베를린 조약 → 산스테파노 조약이 파기되어 불가리아 영토가 축소되고 발칸반도를 발판으로 삼으려 했던 러시아의 남하 좌절	좌절

1860년 10월 청나라는 영국·프랑스·러시아 등 3국과 베이징 조약을 체결했다.
이로써 톈진이 개항되고 주룽반도가 영국에, 연해주가 러시아에 할양되었다.

1861년에는 쓰시마섬에 군함을 파견해 막사와 연병장 등을 건설하고 6개월가량 체류하며 세력을 과시하는 쓰시마 점령 사건을 일으키는 등 러시아는 극동에서 국제 사회의 시선을 아랑곳하지 않는 탐욕스러운 행보를 보였다.

러시아는 중앙아시아 방면으로도 진출해 1876년에는 서투르키스탄의 히바, 부하라, 코칸트 등 3개국을 병합했다. 또 극동 방면 남하 정책으로 만주와 한반도로 진출한다는 계획을 실행에 옮기기 시작했다.

만주와 한반도 지역에서는 러시아와 일본의 이해관계가 치열하게 대립했다. 일본은 국토 방어와 대륙 진출의 전초 기지라는 명목으로 만주와 한반도를 간절히 원했기에 러시아의 남하를 더는 용납할 수 없었다. 그래서 일본은 한발 앞서 행동에 나섰다. 일본은 조선에 영향력을 행사할 수 있는 청나라와 청일전쟁을 벌여 승리함으로써 실질적으로 한반도를 장악했다. 러시아도 남하 야심을 버리지 않아 마침내 일본과 러시아는 1904년 2월에 무력 충돌하며 러일전쟁이 발발했다.

러시아가 '지중해 출구'를 목표로 꾸준히 개척한 남하 정책의 길은 19세기 내내 수많은 분쟁의 씨앗을 뿌렸다. 또 러시아가 극동 아시아 방면으로 방향을 바꾸어 진출한 직후 전쟁이 계속 이어졌다.

Road

36

러일전쟁의 운명을 결정지은 발트 함대의 동쪽 항로

러시아의 막강한 제2 태평양 함대는 어떻게 파멸의 길을 걸었나

흑선을 몰고 와 개항을 요구한 미국의 페리 제독 함대에 의해 1854년 강제로 문호를 개방한 일본은 이후 여러 유럽 국가와 조약을 체결하며 근대국가로 차츰 변모했다. 일본 근대화의 원동력은 서구 제국주의에 대한 '공포'였다. 서구 제국주의에 맞서 무장하기 위해 일본은 차근차근 근대국가 체제를 갖추고 신식 군대를 정비해 마침내 대외 진출을 시작했다.

한편 동지중해 방면 남하가 뜻대로 되지 않자 러시아제국은 극동으로 시선을 돌렸다. 러시아는 만주와 요동반도 그리고 한반도를 러시아의 식민지로 만들겠다는 계획을 세웠다. 이에 위기감을 느낀 일본은 청일전쟁 승리를 발판으로 한반도에서 일본의 세력을 강화해 러시아의 남하에 대항하고자 했다.

러시아의 극동 방면 남하 정책을 저지하려는 일본의 노력이 러일전쟁으로 번지다

러시아는 1900년 청에서 일어난 의화단 운동 진압에 연합군으로 참전해 만주에 주둔지를 마련한 후 철수하지 않고 계속 유지했다. 주위에서 러시아의 철수를 꾸준히 요구했으나 응하지 않고 극동에서 군비를 확충해 호시탐탐 한반도로 들어올 기회를 엿보았다.

남하가 목표인 러시아와 이를 저지하려는 일본의 충돌은 점점 더 피할 수 없는 상황으로 치달았다. 그러나 일본의 육군 병력은 100만 명, 러시아는 200만 명으로 상대가 되지 않는 수준이었고, 연간 재정 규모도 러시아는 일본의 6배 정도로 애초에 체급이 맞지 않는 싸움이었다. 일본은 자금력에서나 병력 면에서나 압도적인 열세였다. 이를 만회하기 위해 일본은 1902년에 영일동맹을 체결하고 러시아의 지배를 받는 국가의 반러시아 민족운동을 지원하는 등 은밀하게 교란 작전을 펼치며 차근차근 준비 태세를 갖추었다.

일촉즉발의 위기 끝에 마침내 러일전쟁이 시작되었다. 일본해군이 인천항에 정박한 러시아 선박에 기뢰를 설치하고 러시아가 지배력을 행사하고 있던 뤼순 군항을 선제공격하면서였다. 이는 1904년 2월 6일의 일이다.

수에즈 운하를 장악한 영국의 방해 공작으로 치명적인 손실을 입은 러시아 발트 함대

러시아는 1904년 10월 발트 함대(제2 태평양 함대) 파견을 결정했다. 이 결정이 러일전쟁의 향방을 결정한, 쓰시마 해전 항로로 가는 출발점이었다.

이 전쟁에서는 영일동맹이 효과를 톡톡히 발휘했다. 발트 함대 본대는 수에즈 운하를 장악한 영국의 방해 공작으로 운하를 항행할 수 없어 아프리카 남단을 돌아 인도양, 태평양으로 도는 대장정을 감행해야 했기에 물자와 인력 소모가 컸다.

게다가 항해 도중에 러시아의 뤼순 함대가 일본의 공격으로 대파했고, 러시아 국내에서는 당시 수도였던 상트페테르부르크에서 '피의 일요일 사건'이라는 대규모 유혈 사태가 발생해 불온한 분위기가 감돌았다.

10월 15일 리예야파 항구에서 출항한 발트 함대는 일본 기뢰를 경계하는 과정에서 야간 조업 중인 영국 어선을 오인해 발포하는 도거 뱅크 사건을 일으키고 말았다. 이 사건으로 하마터면 영국과 러시아 사이에 전쟁이 벌어질 뻔했다.

가까스로 전쟁은 모면했으나 끈질긴 영국의 방해 공작으로 고전한 당시 상황이 러시아 함대 사령관 지노비 페트로비치 로제스트벤스키의 일기에 상세하게 기록되어 있다. 고난의 항해를 계속한 발트 함대는 이듬해 4월 인도차이나의 캄란만에 정박하며 전열을 가다듬어 5월에 출항했다.

기다리고 있던 일본은 이 무렵 발트 함대의 소식을 확보하지 못하고 있었다. 그러나 어쨌든 뤼순항을 잃은 발트 함대가 블라디보스토크로 항로를 잡고 항해할 것은 확실했기에 일본에서는 이를 기다렸다가 반격할 계획이었다.

그런데 일본군이 반격에 나서려면 발트 함대가 어느 항로를 지날지를 파악하고 있어야 했다. 이 무렵에는 세 가지 경로가 물망에 올랐다. 쓰가루 해협과 라페루즈 해협, 쓰시마 해협이었다. 일본은 세 지점으로 전력을 분산할 수 없어 중간 위치에 해당하는 대한 해협에 가까운 진해항에서 대기했는데, 연합 함대 사령관이던 도고 헤이하치로는 이런저런 소식통을 통해 들어오는 정보를 종합해 쓰시마 해협이 거의 확실하다고 점치고 있었다.

중앙 정부 관료들은 좀처럼 모습을 보이지 않는 유령 같은 발트 함대를 기다리며 초조해져 진이 빠져갔다. 그러다 5월 26일, 드디어 러시아 함대의 수송선이 상하이에 들어왔다는 정보가 전해졌다. 지리적인 환경을 고려해 발트 함대가 여기서 태평양으로 우회할 가능성은 희박했고 쓰시마 해협을 통과할 가능성이 커 보였다.

그 무렵 발트 함대의 진로를 저지하기 위한 노림수로 무선을 적극 활용해 소개령을 내렸다. 무선은 독일 물리학자 하인리히 루돌프 헤르츠가 1888년에 발명한, 당시 기준으로는 최신 기술로 일본 해군은 이를 발 빠르게 받아들였다. 일본군은 통신 중계함을 설치해 쓰시마와 일본 본토를 해저 케이블로 연결하는 등 광범위한 통신망을 구축했다.

그리고 이튿날 오전 4시 40분, 긴급하게 소개 작전을 전개하고 있던 순양함 시나노마루에서 "적의 함대로 보이는 물체 203 지점에서 발견"이라는 첫 번째 무전이 들어왔다. 도고 사령관은 즉시 전 함대에 출동 명령을 내렸다. 연합 함대는 일제히 쓰시마 해협으로 항로를 잡고 뱃머리를 돌렸다.

쓰시마 해협 부근에서는 소개 작전에 투입되었던 순양함이 발트 함대에 접근해 적의 진형과 함수, 위치, 진로 정보를 사령관에게 속속 전달해 사령부에서는 적의 상황을 사전에 정확하게 파악할 수 있었다.

한편 발트 함대는 무선 도청을 염려해 전파 봉쇄 상태로 항해하며 맨눈으로 일본의 연합 함대를 관찰할 수 있는 지점까지 이르렀기에 아무런 정보도 수집할 수 없었다. 이 정보 격차가 러일 전쟁의 승패를 갈랐다.

오후 1시 39분, 드디어 남하한 연합 함대는 북상하는 발트 함대를 포착했다. 적함과의 거리가 8,000미터까지 좁혀지자 연합 함대는 키를 크게 꺾어 발트 함대의 진로를 비스듬하게 가로지르기 시작했다. 이는 적 함대의 선두를 장악해 선두를 나가는 기함에 집중포화를 퍼붓는 정(T) 자 전법이다. 그러나 적진 앞에서 함수를 돌릴 수밖에 없어 연합 함대는 함수를 돌릴 때까지 일방적으로 공격을 받아내야 했다. 그러나 함수 전환이 완료될 때까지 적진의 선봉에 선 기함에 연합군 함대의 제1, 2함대가 포격을 집중해 한 척씩 전투 불능 상태로 몰아넣었다.

전투 개시 후 30분이 지난 시점에서 일본의 승리가 거의 확정되었다. 나머지는 후퇴하는 러시아 선박을 추격하는 작전으로 총 19척을 침몰시키고, 7척을 나포, 좌초시켰다. 러시아 측 전력 손실은 심각했다. 반면 연합 함대는 어뢰정 3척을 잃은 수준의 가벼운 피해만 발생했다. 연합 함대의 완벽한 승리였다.

이 해전의 승리가 압도적으로 불리하다고 여겨지던 일본에 러일전쟁의 승리를 안겨주었다. 러시아의 명운을 건 발트 함대의 원정은 회항로를 정확히 예측한 일본의 승리로 돌아갔다. 발트 함대의 항로는 러시아가 앞으로 걸어야 할 어두운 미래를 암시하는 듯했다.

쓰시마 전투의 결과는 러시아와 일본의 명암을 크게 뒤바꾸어 놓았다. 러시아는 아시아에서 대대적으로 후퇴했으며 국내에서는 혁명의 기운이 고조되었다. 이윽고 1917년에 발발한 러시아 혁명으로 러시아의 로마노프왕조가 무너졌다.

한편 일본은 유럽 열강과 어깨를 나란히 하는 '아시아 강국'으로 부상했다. 그리고 한반도, 나아가 만주 진출로 침략의 속도를 높여 나갔다.

발트 함대의 동진 경로

발트 함대는 영일동맹으로 영국의 방해 공작에 고전하며 지구를 반 바퀴 도는 대항해 끝에 동해에 이르렀다. 상하이를 출항한 후 블라디보스토크에 이르는 항로는

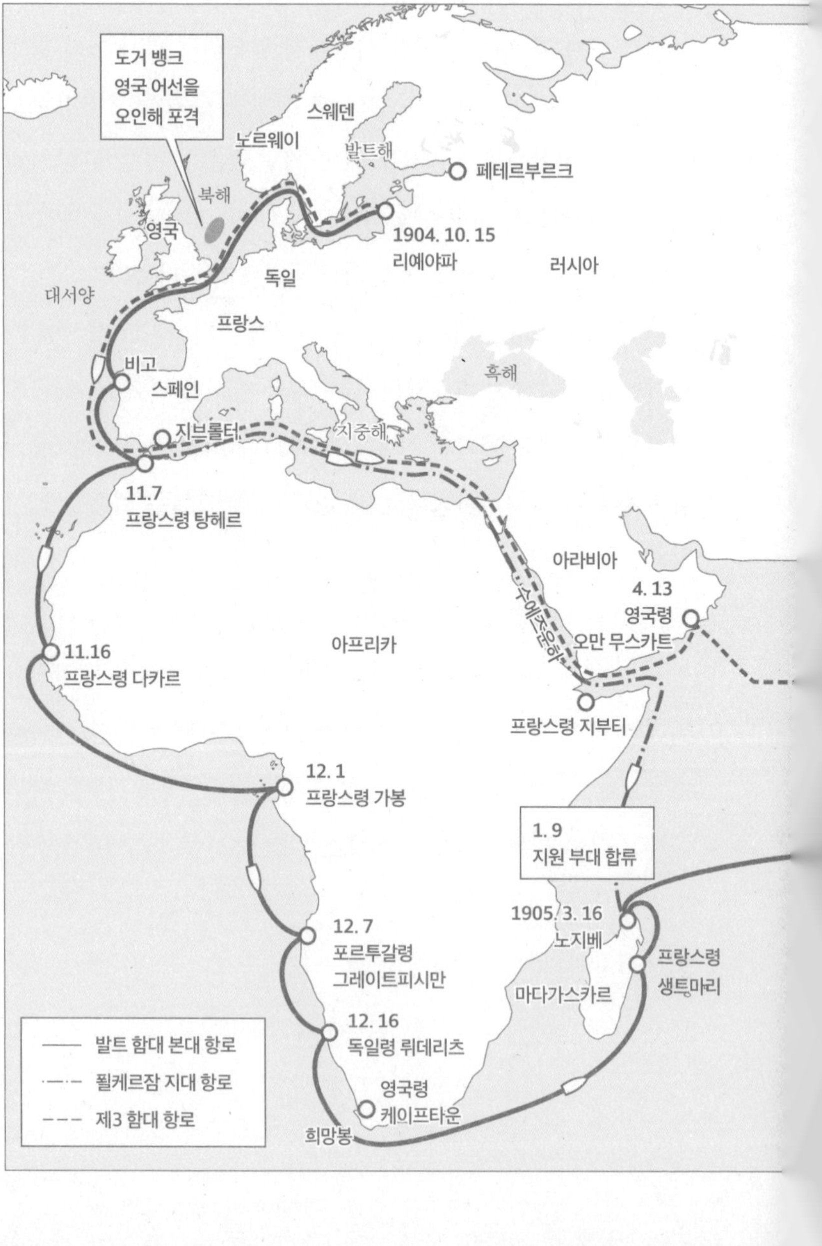

세 가지 경로로 추정할 수 있었는데 그중 쓰시마 해협 경로를 선택했다.
쓰시마 해협 경로를 예상한 도고 사령관은 함대를 출동,
쓰시마 해전에서 발트 함대에 승리했다.

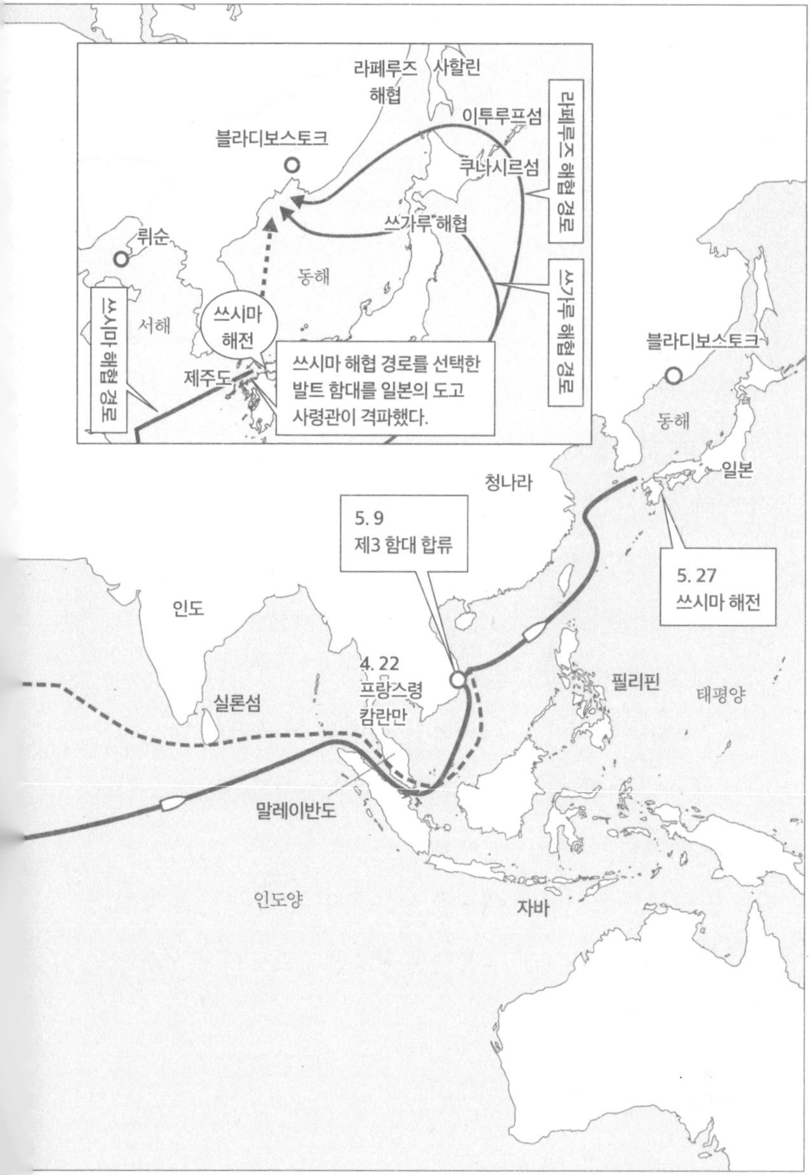

Road

37

주요 열강의 패권 향방에 큰 영향을 미친 수에즈 운하의 길

지중해와 인도양을 연결하는 '최단 항로'를 둘러싼 소유권 분쟁

지중해와 홍해를 연결하는 수에즈 운하는 아프리카 대륙을 우회하지 않고 유럽에서 아시아로 가는 '최단 항로'다. 지금으로부터 150여 년 전인 1869년에 개통된 수에즈 운하 덕분에 기존에 아프리카를 빙 둘러 가던 항로가 40퍼센트 가량 단축되었다. 따라서 런던과 인도의 봄베이(오늘날의 뭄바이) 사이 항해 일수는 24일 정도로 짧아졌다.

수에즈 운하는 유럽에서 '아시아로 가는 입구' 역할을 하게 되었다. 수에즈 운하의 개통으로 세계의 거리는 가까워졌고 유럽과 아시아 무역은 극적으로 변화했다.

따라서 수에즈 운하의 지배권을 두고 유럽 강대국 간 치열한 쟁탈전이 시작되었다. 수에즈 운하를 확보함으로써 아시아 진출

지중해와 홍해를 연결하는 수에즈 운하
프랑스가 보유한 주식을 영국이 매수하면서 소유권이 영국으로 이전되었다.

전략과 통상 열쇠를 장악하려는 각국이 충돌했고 운하의 지배자는 분쟁 결과에 따라 바뀌었다.

유럽 강대국은 왜 수에즈 운하의 지배권을 놓고 치열한 쟁탈전을 벌였나

수에즈 운하의 필요성은 기원전부터 제기되어 왔다. 그리고 19세기에 들어서 영국과 프랑스 같은 유럽 열강이 아시아 식민지화를 추진하며 지중해와 인도양을 신속하게 연결하는 수에즈 운하가 반드시 있어야 한다는 것을 깨달았다.

최초로 수에즈 운하 개통에 발을 들인 나라는 프랑스였다. 1854년, 프랑스 외교관이자 기술자였던 페르디낭 마리 드 레셉스가 이집트 정부로부터 수에즈 운하 개통권을 따냈다. 프랑스는 1858년에 자본금 2억 프랑을 들여 만국 수에즈 운하 회사(Compagnie universelle du canal maritime de Suez)를 설립하고 이듬해에 공사를 시작했다. 북쪽 끝 포트사이드와 남쪽 끝 수에즈시 타우피크항을 연결하는, 총 길이 174킬로미터, 깊이 8미터의 수에즈 운하가 개통된 것은 착공 후 10년 만인 1869년이었다.

당시 수에즈 운하 주식은 프랑스와 이집트가 절반씩 보유했고 운영권은 프랑스가 쥐고 있었다. 그런데 이런 상황이 점차 못마

땅해진 나라가 있었다. 바로 대제국으로 발돋움한 영국이었다.

영국은 원래 운하 건설에 반대했다. 그런데 막상 개통하고 보니 운하를 통행하는 선박의 80퍼센트가 영국 선적인 상황이 펼쳐졌다. 당시 영국은 자국산 제품을 식민지에 내다 팔아 외화를 벌어들이는 구조로 경제가 돌아갔기에 아시아에 많은 식민지를 거느린 이상 수에즈 운하를 자주 이용할 수밖에 없었다.

영국은 이렇게 자국이 수시로 이용하는 운하를 타국이 운영하도록 내버려두는 상황이 상당히 불합리하다고 여겼다. 어떻게든 수에즈 운하 지배권을 영국으로 가져와야 했다. 이런저런 궁리를 하며 때를 엿보던 영국에 드디어 기회가 찾아왔다. 1875년, 이집트가 수에즈 운하 건설과 근대화를 위해 막대한 지출을 한 결과 재정 위기에 빠진 것이다. 영국은 즉시 개입해 이집트가 보유한 수에즈 운하 주식을 사들이고 운하 지배권의 절반 가까이를 확보했다.

또 1881년 이집트에서 열강의 개입에 반발해 내란이 발생하자 이듬해 영국은 단독으로 이집트에 군대를 파견해 진압했다. 이 과정에서 수에즈 운하도 무력으로 점령하고 이집트를 군사적으로 지배하며 보호국으로 만들었다. 이로써 영국은 실질적으로 수에즈 운하를 손에 넣고 아시아 지배의 중요 거점으로 삼았다.

한편 운하 개통을 전후한 시기에 증기선이 등장해 유럽과 아시아의 무역량이 비약적으로 증가했다. 즉 세계 무역의 판도가 뒤바뀐 것이다.

이렇게 프랑스, 영국 같은 열강의 지배를 받던 수에즈 운하가 이집트의 손으로 돌아간 때는 제1차, 제2차 세계대전이 모두 끝난 1950년대였다.

'수에즈 전쟁'으로 번진 이집트의 수에즈 운하 국유화 선언

이집트는 제2차 세계대전 이후에도 영국의 영향에서 벗어나지 못했다. 그러던 중 1952년에 혁명이 일어나 이집트 왕정이 폐지되고 근대화의 길로 들어섰다. 이집트 근대화 정책의 하나가 영국과 미국의 융자를 받아 아스완하이댐을 건설하는 것이었다. 그런데 이집트가 소련에 접근했다는 이유로 미국이 건설비 융자를 정지해버렸다. 그러자 이집트는 아스완하이댐 건설비용을 마련하기 위해 수에즈 운하 국유화를 선언했다. 1956년의 일이다.

수에즈 운하 회사의 주식을 보유한 영국과 프랑스는 이 사태에 격노했다. 영국과 프랑스는 아랍 국가들과 대립하는 이스라엘을 끌어들여 이집트를 침공하기로 결정했다. 그리고 시나이반도를 공격함으로써 '수에즈 전쟁'이라고도 불리는 제2차 중동전쟁에 돌입했다. 수에즈 운하는 영국과 프랑스가 점령했다.

그러나 이 무력 침공에 미국은 참전하지 않았고 영국과 프랑스는 국제 사회로부터 거센 비난을 받게 되었다. 미국은 영국 등에 경제 제재를 가했고 국제연합에서도 즉시 정전 결의가 내려졌다. 상황이 심상치 않게 돌아가자 영국, 프랑스, 이스라엘 3국은 이집트에서 철수할 수밖에 없었고, 같은 해 국제연합이 개입해 수에즈 운하는 이집트 국유화로 마무리되었다.

수에즈 운하는 유럽에서 아시아로 가는 최단 항로로써 전 세계 해운을 극적으로 뒤바꾼 탓에 유럽 열강의 노리개가 되었다. 이런 수에즈 운하가 이집트의 품으로 돌아오기까지는 거의 1세기가 필요했다.

Road

38

발칸반도를 화약고로 만들고 제1차 세계대전을 촉발한 독일의 3B 정책의 길

독일과 영국은 왜 식민지 정책을 놓고 정면으로 충돌할 수밖에 없었나

18세기 후반 영국·프랑스·독일 등 유럽 강대국은 다른 나라에 앞서 산업혁명에 돌입했다. 이들 국가에서는 획기적인 기술 발전에 힘입어 대규모 공장이 들어서고 거대 산업 자본이 형성되었다. 이로써 사회 구조 전체가 변화하고 자본주의 경제가 확립되었다. 이후 이들은 기술, 자본, 군사력으로 무장한 채 시장과 자원을 찾아 아시아와 아프리카로 진출해 식민지화에 매진했다. 이는 19세기 후반의 상황이다.

이렇게 자본주의 열강이 주도한 비유럽 지역의 식민지화를 동반하는 팽창 정책을 '제국주의'라고 한다. 유럽 열강은 아시아와 아프리카 식민지를 두고 쟁탈전을 벌이며 반목했고 국제 정치판에는 혼란의 소용돌이가 휘몰아쳤다.

19세기 후반, 전쟁터와도 같은 제국주의의 링 위에서 영국이라는 챔피언에게 도전장을 내민 새로운 도전자 독일

아프리카는 1880년대 이후 순식간에 유럽 열강에 장악되었다. 그 중심에서 아프리카 침공을 이끈 나라는 바로 영국이었다.

당시 영국은 아시아, 아프리카 식민지 확장 정책의 일환으로 '3C 정책'을 표방했다. 이집트 카이로와 인도의 캘커타(오늘날의 콜카타), 남아프리카의 케이프타운을 연결하는 '삼각지대'를 자국 세력권에 편입한다는 정책으로, 세 도시의 머리글자를 따서 정책 이름을 붙였다.

영국은 이 정책에 따라 아프리카를 남북으로 종단하고 중동과 남아시아, 동아프리카라는 광활한 지역을 지배하게 되었다.

영국은 이처럼 아프리카 식민지 정책을 추진하는 과정에서 알제리에서부터 아프리카 동안을 향해 횡단 정책을 내세운 프랑스와 격렬하게 대립했다. 그나마 큰 분쟁으로 발전하지 않았던 건 열강의 이해관계가 일치해 적절하게 타협하며 자국의 권익 신장을 도모하는 방향으로 소소한 분쟁을 정리했기 때문이다.

그런데 이런 영국에 과감히 도전장을 내민 국가가 또 있었다. 바로 새롭게 부상한 제국주의 국가 독일이었다. 1871년에 가까스로 통일을 달성한 독일은 재상 비스마르크가 이해관계를 두고 서로 대립하는 러시아, 오스트리아, 이탈리아, 영국 등을 교묘하게 조종하며 프랑스를 고립시킴으로써 자국의 지위를 안정시켰다.

독일은 마찬가지로 후발 제국주의 국가인 오스트리아, 이탈리아와 삼국동맹을 체결하고 군비 확장, 식민지 획득 등을 내걸고 제국주의 진영의 갈등에 편승해 식민지 재분할을 요구했다. 그러던 중 독일제국 황제로 야심만만한 빌헬름 2세(Wilhelm II, 재위 1888~1918)가 즉위하며 재상 비스마르크를 경질하고는 더욱 과감하고 노골적인 제국주의 노선으로 방향을 전환했다. 이는 1888년의 일이다. 그리고 독일이 러시아와의 재보호 조약을 갱신하지 않자 러시아는 프랑스에 접근해 러불 동맹을 체결했다. 이로써 프랑스는 고립에서 벗어날 수 있었다.

뒤늦게 제국주의 경쟁에 뛰어든 독일은 세계 시장에서 영국과 치열하게 경제 전쟁을 벌이는 한편 1898년에는 대함대 건조에 나섰다. 영국도 이에 맞서 전함을 건조하면서 해군력 증강을 둘러싸고 영국과 독일 양국의 대립이 격화되었다.

영국이 독일의 3B 정책에 예민하게 굴 수밖에 없었던 까닭

독일은 영국과 프랑스가 지배하는 중동지역에 진출하기 위해 먼저 그 거점으로 세력이 약해진 오스만제국에 눈독을 들였다.

1914년 6월 28일 오스트리아 황태자 프란츠 페르디난트 부처가
사라예보에서 암살당한 사건은 제1차 세계대전의 도화선이 되었다.

그리고 독일의 베를린, 비잔티움(이스탄불), 바그다드를 연결하는 철도 부설 권리를 얻어 이를 발판 삼아 세력을 확장하려 했다.

독일의 세력 확장 정책을 세 도시의 머리글자를 따서 '3B 정책'이라 부른다.

독일의 3B 정책은 영국의 3C 정책과 정면으로 대립하는 구도였기에 당연히 영국이 거세게 반발했다. 이 철도가 완공되면 영국이 지배하는 수에즈 운하를 통과하지 않고도 독일은 아시아를 자유롭게 오갈 수 있게 되어 수에즈 운하의 값어치가 떨어질 것이었다. 무엇보다 3B 정책은 영국 식민지의 침식을 염두에 둔 정책으로 영국의 지배 지역과 겹치며 영국은 위기감을 느낄 수밖에 없었다.

이러한 영국과 독일의 대립이 제1차 세계대전 발발의 원인으로 작용했다. 영국은 독일의 위협에 맞서 확고한 대립 구도를 완성했다. 영국령 남아프리카 연방을 형성해 3C 정책을 강화하는 한편 프랑스에 접근해 1904년 영불 협상, 이어서 러시아를 끌어들여 1907년에 삼국협상을 체결하며 '독일 포위망'을 바짝 좁혀 들어갔다.

이렇게 독일을 중심으로 한 삼국동맹과 독일 포위망을 좁혀 들어가는 삼국협상의 대립 구도가 완성되며 긴장이 고조되어 세계는 전쟁이 언제 터질지 알 수 없는 아슬아슬한 위기 상태에 직면했다.

그런데 긴장감이 한순간에 폭발하는 사건이 발생했다. 1914년 6월, 오스트리아 황제 계승자인 프란츠 페르디난트 부부가 보스니아 헤르체고비나의 주도 사라예보에서 세르비아인 청년에게 암살당한 것이다. 이 사건은 전쟁의 불씨가 되고 말았다.

발칸반도는 오스만제국의 세력이 약해지며 러시아, 독일, 오스트리아를 중심으로 각국의 이권이 어지럽게 얽힌 '화약고' 같은 상태였다.

황태자를 잃은 오스트리아가 세르비아에 선전포고하자 독일도 동맹을 구실로 참전했다. 그러자 독일과 대항하던 삼국협상 측도 연쇄적으로 줄줄이 참전하면서 전선은 독일·오스트리아 동맹국과 영국·프랑스·러시아 연합국으로 확대되었다. 또 영일 동맹을 체결한 일본과 미국도 전쟁의 소용돌이 속으로 끌려 들어가며 전쟁은 세계대전으로 발전했다.

영국과 독일이 각각 세 도시를 연결한 경로에서 치열하게 전개한 식민지 쟁탈전이 양국의 대립을 부추기며 엎치락뒤치락하는 상황으로 치달았다. 그 결과 미증유의 세계대전이 초래되고 만 것이다.

Road

39

'잠자는 사자' 미국의 코털을 건드려 스스로 멸망의 길로 걸어간 일본 군국주의의 길

일본이 미국을 전쟁에 끌어들이지 않았다면 제2차 세계대전의 결말은 달라졌을까

1914년에 시작된 제1차 세계대전은 5년 동안 이어지며 유럽을 쑥대밭으로 만들었다. 참호전이 전개됨에 따라 전쟁은 장기화 국면으로 접어들었고 전차와 비행기 등의 신무기가 전선에 투입되었다. 또 독가스가 사용되어 막대한 피해가 발생했다. 1,000만 명 가까운 전사자를 낸 근대전의 참상을 목격한 인류는 곧 멸망의 위기가 닥칠지 모른다는 공포에 떨어야 했다.

참혹한 전쟁이 끝나고 10년 남짓 시간이 흐른 뒤 제1차 세계대전 패전으로 짊어진 거액의 배상금을 갚느라 허덕이던 독일에 아돌프 히틀러가 등장했다. 독일 국민은 히틀러가 나아가는 유럽 통일의 길에 열광했고 마침내 일본도 이러한 기류에 동참했다. 결국 인류는 두 번째 세계대전의 포화 속으로 내던져지는 결과를 맞이했다.

제2차 세계대전 당시 일본이 미국을 전쟁에 끌어들인 것이 최악의 패착이 될 수밖에 없었던 이유

1939년 유럽에서 제2차 세계대전이 발발하자 일본은 독일, 이탈리아와 더불어 3국 군사동맹을 체결했다. 이에 반발한 미국이 일본에 고철과 석유 수출을 금지하는 경제 제재 조치를 단행했다. 미국과 일본의 관계는 점점 악화되었고 미국은 일본에게 대륙에서 완전히 철수하라는 일명 '헐 노트(Hull note)'를 요구하기에 이르렀다. 미·일 교섭은 결렬되었다. 1941년 12월, 일본이 하와이 진주만에 주둔한 미국 태평양 함대를 선제공격해 태평양전쟁에 돌입했다.

진주만에서 첫 승리를 거둔 일본군은 기세를 몰아 말레이시아, 싱가포르, 필리핀, 미얀마, 네덜란드령 동인도 등 동남아시아의 연합국 측 식민지를 차례차례 점령하며 파죽지세로 전쟁의 포화 속으로 뛰어들었다. 일본은 단기간에 전쟁에서 승기를 잡고 강화조약을 맺을 심산이었다. 그런데 이듬해 6월이 되자 계획과 달리 전선에서 밀리기 시작했다.

일본군은 6월 미드웨이 해전과 솔로몬제도 과달카날섬에서 벌어진 전투에서 패하며 패색이 짙어졌다. 미드웨이 해전에서는 일본군의 암호를 해독한 미국이 미드웨이섬 점령을 노리는 일본 함대를 급습해 항공모함 4척을 침몰시켰다. 일본은 상당수의 함재기를 잃는 피해가 발생했고 쓰라린 패배를 맛보아야 했다.

반격의 실마리를 잡은 미국은 8월, 과달카날섬 전역에서 본격적으로 반격에 나섰다. 일본 해군은 과달카날섬에 항공전진기지 역할을 할 비행장을 건설하기 시작했다. 한편 미국도 일본의 라바울 기지 공략을 위한 기점으로 과달카날섬에 기지를 건설한다는 작전을 세웠다.

과달카날섬에 상륙한 미군은 기습 작전으로 일본의 비행장을 순식간에 점령하고 성조기를 꽂았다. 비행장을 빼앗긴 일본은 병력 3만 명을 긴급 투입해 미군과 전투를 벌였지만 병참, 물량, 장비 등 모든 면에서 미군에 크게 뒤처졌다. 결국 일본군은 2만 명이 넘는 정예부대와 여러 척의 선박, 항공기를 잃었다.

일본을 사면초가 처지에 놓이게 한 미국의 두 가지 경로 침공 작전

전투가 거듭될수록 태평양 권력 균형의 추는 미국 쪽으로 기울었다. 전쟁에서 승기를 잡은 미군은 두 가지 경로로 일본 본토

일본군이 기습 공격에 나선 하와이 진주만

미군의 반격 경로

태평양전쟁 개전 초기에 승승장구하던 일본은 미드웨이 해전과 과달카날섬 전역에서 반전을 꾀한 미군에 덜미를 잡혔다. 이후 미군은 이때부터 본격적인 반격에 나서며 일본 본토로 향했다. 미군은 니미츠가 이끄는 해군을 중심으로 한 부대가

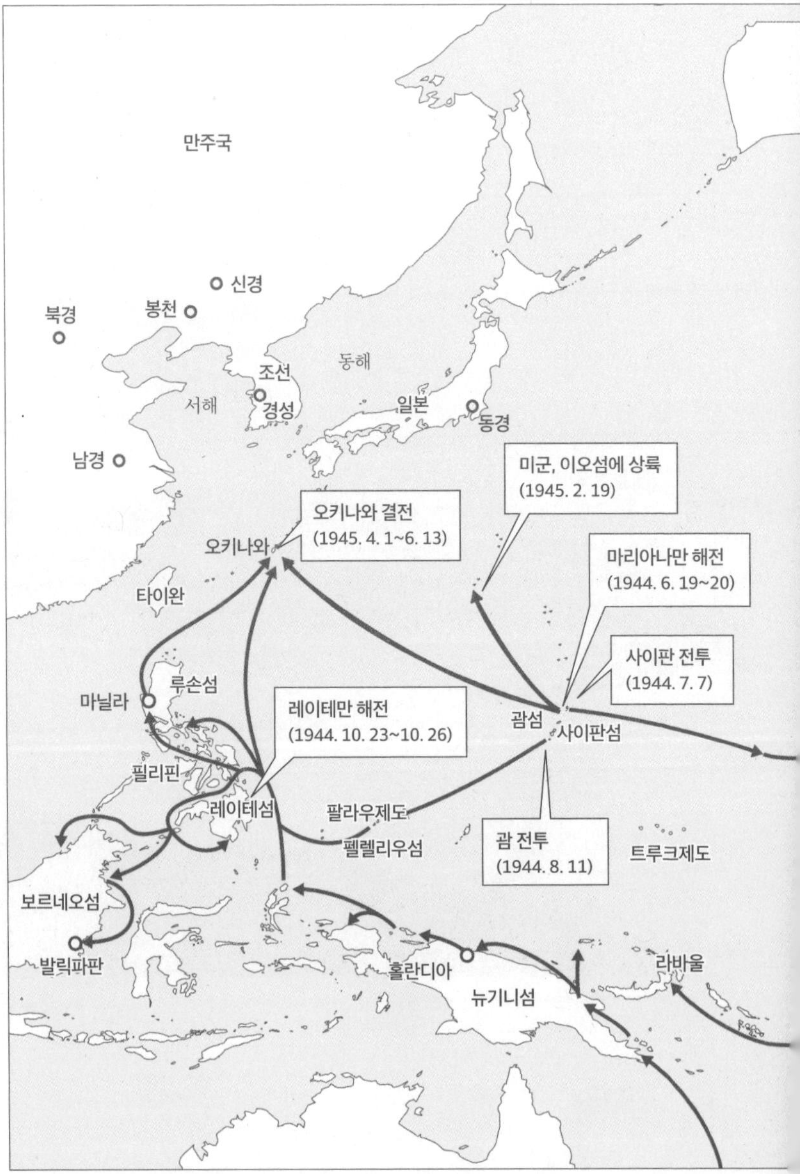

태평양으로 나아가 마리아나제도로 향했고, 맥아더가 이끄는 육군을 중심으로 한 부대가 뉴기니, 필리핀을 거쳐 일본 본토에 상륙하는 양동 작전을 펼치며 일본을 공략했다. 그 결과 일본은 두 손 들고 항복할 수밖에 없었다.

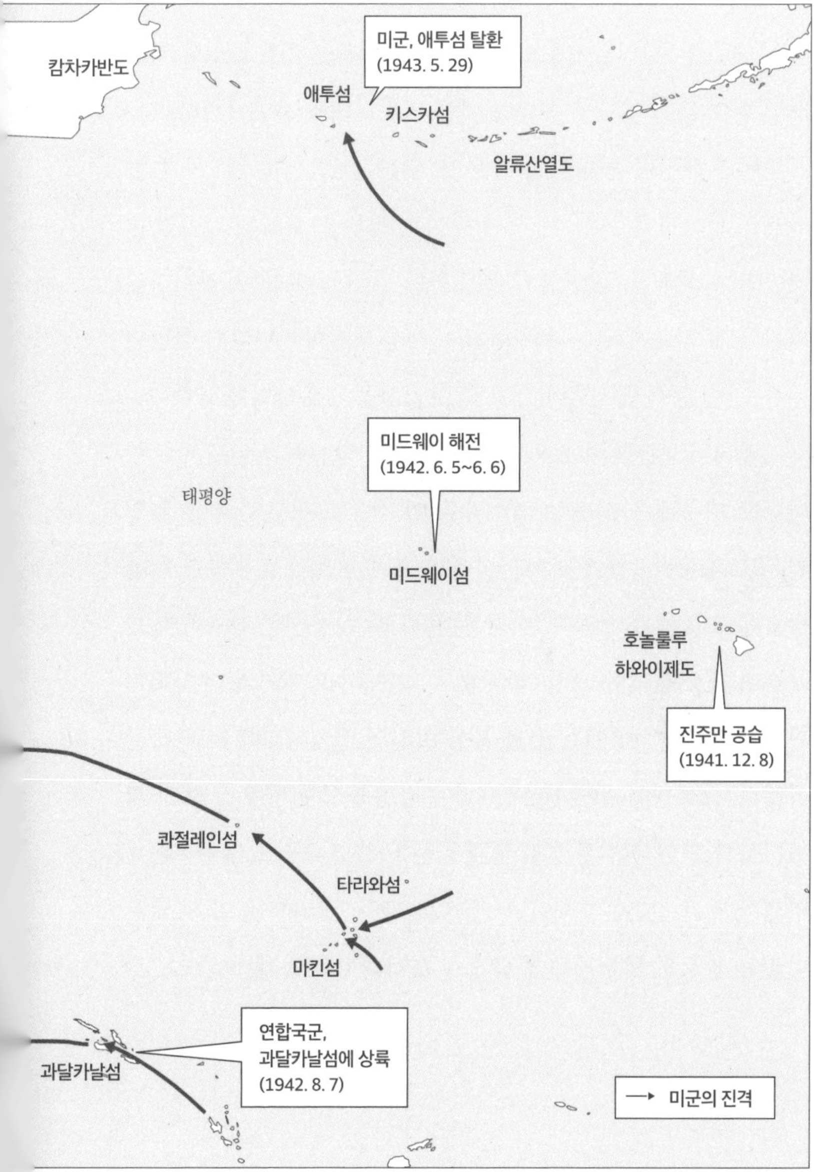

를 향한 침공을 개시했다.

하와이에 주둔 중인 체스터 윌리엄 니미츠 대장을 총지휘관으로 삼고 레이먼드 스프루언스 대장을 기동 부대 지휘관으로 앉힌 경로는 중부 태평양을 서쪽으로 직진해 사이판섬으로 향했다. 그러고는 길버트제도의 마킨섬, 타라와섬, 마셜제도의 콰절레인 환초 등을 잇달아 공략해 일본군 수비대를 전멸시켰다.

맥아더 대장이 지휘봉을 잡은 또 다른 경로는 뉴기니 북쪽 해안으로 나아가 섬 사이를 지나 필리핀 탈환을 노리는 길이었다. 맥아더는 라바울 등 일본의 요새화된 기지를 피하는 '징검다리 작전'으로 비교적 일본의 수비가 느슨한 파푸아뉴기니의 살라마우아, 라에 등에 순조롭게 상륙해 보급선을 구축하며 침공했다.

그런데 일본은 니미츠와 맥아더 부대가 합류해 필리핀으로 향한다고 예측해 사이판섬 방비가 늦어졌다. 오판으로 때를 놓친 일본은 1944년 7월에 사이판섬을 잃으며 본토의 대본부가 미군 공습에 노출되고 말았다. 미군은 일본 본토 공습을 집요하게 반복하며 필리핀, 이오섬을 접수했고, 이어서 니미츠와 맥아더가 합류해 1945년 4월에는 일본 본토 코앞인 오키나와에 미군이 상륙했다. 오키나와 주민 9만 5,000여 명을 포함한 일본인 20만 명 가까이가 사망하는 격전 끝에 미군은 1945년 6월 오키나와를 점령했다.

일본 본토의 대도시는 공습으로 초토화되었고 일본열도는 잠

수함과 기뢰로 봉쇄되었다. 벼랑 끝에 몰린 일본은 8월에 히로시마와 나가사키에 원폭이 투하되고 소련이 참전을 선언하자 패배를 인정하고 포츠담 선언을 수락했다. 이로써 전쟁이 막을 내렸다.

니미츠와 맥아더는 일본 수도 도쿄를 목표로 두 방면에서 포위망을 좁히는 양동 작전으로 일본의 숨통을 조였다. 하와이와 솔로몬제도에서 뉴기니, 필리핀에 이르는 섬 사이를 지나는 길은 미국이 일본 본토에 상륙하는 '반격의 길'이 되었다.

참고문헌

Almgren, Bertil, *The Viking*, Crescent Books, 1966

Amadasi Guzzo, Maria Giulia, *Carthage*, QUE SAIS JE, 2006

Beaude, Pierre–Marie, *Premiers Chrétiens, premiers martyrs*, Gallimard, 1993

Berfdolt, Klaus, *Die Pest: Geschichbte des Schwarzen Todes*, C. H. Beck, 2011

Briant, Pierre, *De la Gréce à l'Orient Alexandre le Grand, Gallimard*, 1987

Cassin–Scott, Jack, *The Greek and Persian Wars 500 BC-323 BC*, Osprey Publishing, 1977

Channon, John, Hudson, Robert, *The Penguin Historical Atlas of Russia*, Penguin Books, 1995

Davies, Norman, Europe: *A History*, Oxford University Press, 1996

Elias, Jamal J., *Islam*, Upper Saddle River, 1999

Gibbon, Edward, *The History of the Decline and Fall of the Roman Empire*, Strahan & Cadell, London, 1776~1789

Kelly, John, *The Great Mortality: An Intimate History of the Black Death, the Most Devastating Plague of All Time*, Harper Perennial, 2006

King, Edmund, *Medieval England*, The History Press, 2009

King, Russell, *The Atlas of Human Migration: Global Patterns of People on the Move*, Routledge, 2010

Laws, Bill, *Fifty Railways that Changed the Course of History*, David & Charles, 2013

Lloyd, Christopher, *Absolutely Everything!: A History of Earth, Dinosaurs, Rulers, Robots and Other Things Too Numerous to Mention*, What on Earth Books, 2018

Lucent, Monique, *Les grandes pestes en France*, Aubier, 1985

Mai, Manfred, 『드라마 50편으로 이해하는 유럽 역사-전쟁과 평화 그리고 통합으로(50のドラマで知るヨーロッパの歴史 戦争と和解, そして統合へ)』, ミネルヴァ書房, 2010

Markoe, Glenn E., *The Phoenicians*, Folio Society, 2005

Marshall, Robert, *Storm from the East: From Genghis Khan to Khubilai Khan*, University of California Press, 1993

NHK「文明の道」プロジェクト, 『NHK 스페셜 문명의 길 〈4〉 이슬람과 십자군(NHKスペシャル 文明の道 ④イスラムと十字軍)』, 日本放送出版協会, 2004

Pernoud, Régine, *Richard Coeur de Lion*, Fayard, 2014

PHP研究所編, 末木文美士監修,『잡학 3분간 비주얼 도해 시리즈: 불교(雑学3分間ビジュアル図解シリーズ: 仏教)』, PHP研究所, 2005

Reagan, Geoffrey, *Battles That Changed History*, Carlton Publishing, 2006

Ritchie, Catherine, Tremolieres, François,『세계사인물백과 2 르네상스-계몽시대(1492-1789)(世界史人物百科〈2〉ルネサンス-啓蒙時代(1492-1789)』, 原書房, 2004

Roberts, J. M., *History of the World*, Knopf, 1976

Sandler, Martin W., Atlantic Ocean: The Illustrated History of the Ocean That Changed the World, Sterling, 2008

Scarre, Chris, *The Penguin Historical Atlas of Ancient Rome*, Penguin Books, 1995

Simmons, Gerald, 『라이프 인간 세계사 3 야만족의 침입(ライフ 人間世界史3 蛮族の侵入)』, タイムライフインターナショナル出版事業部, 1969

Tate, George, *The Crusades and the Holy Land*, Gardners Books, 1996

Toland, John, The Rising Sun: *The Decline and Fall of the Japanese Empire, 1936-1945*, Modern Library, 2003

Vidal-Naquet, Pierre, *The Harper Atlas of World History*, Harper & Row, 1987

White, Matthew, *The Great Big Book of Horrible Things: The Definitive Chronicle of History's 100 Worst Atrocities*, W. W. Norton & Company, 2012

Wolmar, Christian, *Engines of War: How Wars were Won & Lost on the Railways*, PublicAffairs, 2011

『도설 러일전쟁(図説 日露戦争 兵器·全戦闘集)』, 学習研究社, 2007
『역사의 검은 주인공-병기·병원체·환경 파괴(歴史の黒い主役たち—兵器·病原体·環境破壊』学習研究社, 2009
宮崎正勝, 『빠르게 이해하는 세계 근현대사-시대의 흐름을 그림으로 이해한다!(早わかり世界近現代史—時代の流れが図解でわかる!)』, 日本実業出版社, 2001
宮崎正勝, 『빠르게 이해하는 중동 & 이슬람 세계사(早わかり中東&イスラーム世界史)』, 日本実業出版社, 2006
宮崎正勝, 『세계사의 바다로(世界史の海へ)』, 小学館, 1997
宮崎正勝,『정화의 남해 대원정-영락제의 세계 질서 재편(鄭和の南海大遠征—永楽帝の世界秩序再編)』, 中央公論社, 1997
渡辺勝二郎, 『종이의 박물지(紙の博物誌)』, 出版ニュース社, 1992
栗生沢猛夫, 『도설 러시아 역사(図説 ロシアの歴史)』, 河出書房新社, 2014
木下康彦, 木村靖二, 吉田寅編, 『상설 세계사 연구(詳説世界史研究)』, 山川出版社, 2017
朴漢済編著, 吉田光男訳, 『중국역사지도(中国歴史地図)』, 平凡社, 2009
謝世輝, 『제3의 세계사-서유럽 중심이 아닌 진정한 세계사(第三の世界史 西欧中心でない真の世界史)』, 偕成社, 1985
山田信夫, 『초원과 오아시스(草原とオアシ)』, 講談社, 1985
森山康平, 『도설 비화로 읽는 태평양전쟁-진주만 공습부터 미드웨이 해전까지(図説 秘話でよむ太平洋戦争—真珠湾奇襲からミッドウェー海戦へ篇)』, 河出書房新社, 2001
三浦一郎, 『전쟁·혁명으로 읽는 세계사(戦争·革命でよむ世界史 総解説)』, 自由國民社, 2002
森瀬繚, 司史生, 『도해 제3제국(図解 第三帝国)』, 新紀元社, 2008
小杉泰, 林佳世子編 『이슬람 서적의 역사(イスラーム書物の歴史)』, 名古屋大学出版会, 2014
小川英雄, 山本由美子, 『세계의 역사 4 오리엔트 세계의 발전(世界の歴史 〈4〉 オリエント世界の発展)』, 中央公論社, 1997
松谷健二, 『카르타고 흥망사-어느 국가의 일생(カルタゴ興亡史—ある国家の一生)』, 中央公論新社, 2002
松本宣郎編, 『종교의 세계사 8 기독교의 역사 1 초기 기독교~종교개혁(宗教の世界史8 キリスト教の歴史1 初期キリスト教～宗教改革)』, 山川出版社, 2009
松村劭, 『나폴레옹 전쟁사(ナポレオン戦争全史)』, 原書房, 2005

松村劭,『3천 년 해적사(三千年の海戦史)』, 中央公論新社, 2006
市川定春,『고대 그리스인의 전쟁(古代ギリシア人の戦争 会戦事典800BC-200BC), 新紀元社, 2003
渥美堅持,『이슬람교를 아는 사전(イスラーム教を知る事典)』, 東京堂出版, 1999
野口信彦,『실크로드 10만 년 역사와 21세기(シルクロード 10万年の歴史と21世紀)』, 本の泉社, 2009
越野明,『교과서와는 맛이 다른 세계사의 묘미(教科書とはひと味違う世界史のだいごみ)』, 秀和システム, 2006
長澤和俊,『삼장법사가 걸었던 길–순력의 지도를 따라가는 여행(三蔵法師の歩いた道 巡歴の地図をたどる旅)』, 青春出版社, 2004
長澤和俊監修,『실크로드 입문(シルクロード入門)』, 東京書籍, 2005
前田耕作,『현장, 실크로드를 가다(玄奘三蔵、シルクロードを行く), 岩波書店, 2010
町田宗鳳,『바로 이해하는 세계의 종교-고대 신화부터 신종교까지(すぐわかる世界の宗教 古代の神話から新宗教まで)』, 東京美術, 2005
造事務所編著, 山内昌之, 大川玲子監修,『이슬람 기본 연습장(イスラーム基本練習帳)』, 大和書房, 2013
佐々木真,『도설 프랑스 역사(図説 フランスの歴史)』, 河出書房新社, 2011
佐藤次高,『세계의 역사 8 이슬람 세계의 흥망(世界の歴史〈8〉イスラーム世界の興隆)』, 中央公論新社, 2008
佐藤彰一,『카를 대제-유럽의 아버지(カール大帝—ヨーロッパの父)』, 山川出版社, 2013
竹内均編,『파이오니어가 된 도전자들(パイオニアとなった挑戦者たち)』, ニュートンプレス, 2003
中野京子,『바렌 도주-마리 앙투아네트 운명의 24시간(ヴァレンヌ逃亡 マリー・アントワネット運命の24時間)』, 文藝春秋, 2014
指昭博編著,『처음 배우는 영국의 역사와 문화(はじめて学ぶイギリスの歴史と文化)』, ミネルヴァ書房, 2012
秦剛平,『남북 분열 왕국의 탄생: 이스라엘과 유대(南北分裂王国の誕生 イスラエルとユダ)』, 京都大学学術出版会, 2013
陳舜臣,『중국 5천 년-하(中国五千年 下)』, 平凡社, 1983
天児慧,『중국의 역사 11 거룡의 태동 마오쩌둥 vs 덩샤오핑(中国の歴史11 巨龍の胎動 毛沢東vs.鄧小平)』, 講談社, 2021

平山郁夫監修, 長澤和俊著, 『신 실크로드 역사와 인물 제7권 불교가 온 길(新シルクロード歴史と人物 第7巻 仏教の来た道)』, 講談社, 2005
後藤克典, 『CG세계유산 고대 로마(CG世界遺産 古代ローマ)』, 双葉社, 2006
増田義郎, 『도설 해적(図説 海賊)』, 河出書房新社, 2006
増田ユリヤ監修, 『하루에 보고 읽는! 세계사-한 눈에 이해하는 각국의 개요와 관계(1日で見る!読む!世界史―ひと目でわかる各国の概要と関係)』, 主婦の友社, 2010
砺波護, 武田幸男, 『세계의 역사 6 수·당 제국과 고대 한국(世界の歴史〈6〉隋唐帝国と古代朝鮮)』, 中央公論新社, 2008
関眞興, 『30개 전투로 읽는 세계사-상(30の戦いからよむ世界史 上)』, 日本経済新聞出版, 2013
青山吉信, 今井宏編, 『개설 영국사-전통적 이해를 넘어서(概説イギリス史 伝統的理解をこえて)』, 有斐閣, 1991

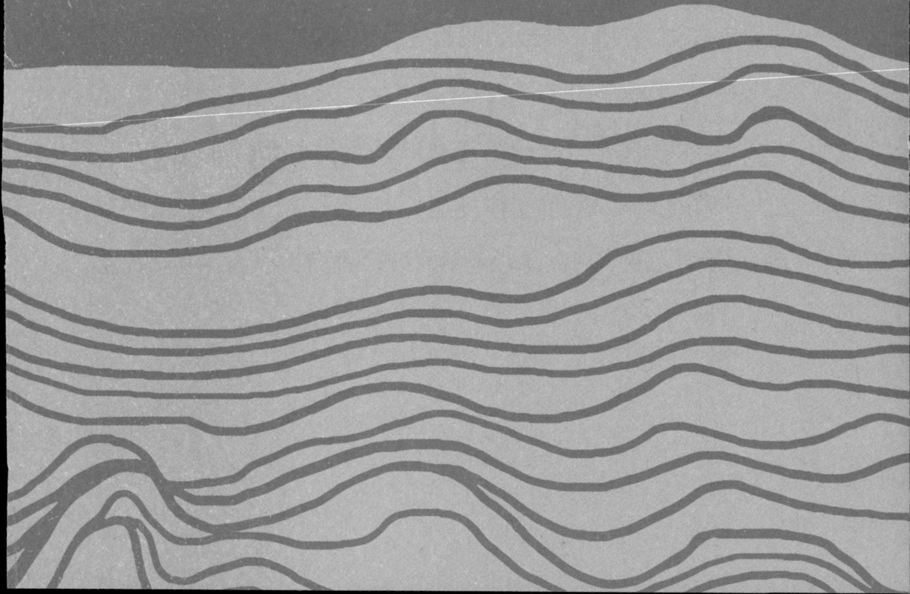